파우스트
Faust

SAT 스토리북 06

파우스트 [Faust]

저 자 J. W. von Goethe
발행인 고본화
발 행 반석출판사
자회사 탑메이드북
2013년 5월 1일 초판 1쇄 인쇄
2013년 5월 5일 초판 1쇄 인쇄
반석출판사 www.bansok.co.kr
이메일 bansok@bansok.co.kr

157-779 서울시 강서구 양천로 583번지 B동 904호
　　　　(서울시 강서구 염창동 240-21번지 우림블루나인 비즈니스센터 B동 904호)
대표전화 02) 2093-3399 **팩 스** 02) 2093-3393
출 판 부 02) 2093-3395 **영업부** 02) 2093-3396
등록번호 제315-2008-000033호

Copyright © FL4U컨텐츠

ISBN 978-89-7172-709-6 (13740)

Faust

J. W. von Goethe

PART I

Prelude On Stage

(Director, Dramatist, Comedian)

Director
You two, who've often stood by me,
In times of need, when trouble's breaking,
Say what success our undertaking
Will meet with, then, in Germany?
I'd rather like the crowd to enjoy it.
I'd love to see a joyful crowd, that's certain,
In the light of day they're there already,
Pushing, till they've reached the window,
As if they're at the baker's, starving, nearly
Breaking their necks: just for a ticket. Oh!
Only poets can work this miracle on men
So various: the day is yours, my friend!

Dramatist
O, don't speak to me of that varied crew,
The sight of whom makes inspiration fade.

What dazzles is a Momentary act:
What's true is left for posterity, intact.

Comedian
Don't speak about posterity to me!
If I went on about posterity,
Where would you get your worldly fun?

Director
Make sure, above all, plenty's happening there!
They come to look, and then they want to stare.
The mass are only moved by things *en masse*,
Each one, himself, will choose the bit he needs:
And everyone goes home contentedly.
You'll give a piece, why then give it them in pieces!
With such a stew you're destined for success.

Dramatist
You don't see how badly such work will do!
How little it suits the genuine creator!
Go, look for another scribbler by night!
Shall the poet throw away the highest right,
The right of humanity, that Nature gave,
Carelessly, so that *you* might gain!
How will he move all hearts again?

When all the tuneless mass of elements,
In their sullen discord, jar and jangle —
Who parts the ever-flowing ranks of creation,
Stirs them, so rhythmic measure is assured?
The power of Man, revealed by the bard.

Comedian
So use it then, all this fine energy,
And drive along the work of poetry,
To show how *we* are driven in Love's play.
By chance we meet, we feel, we stay,
And bit by bit we're tightly bound:
Happiness grows, and then it's fenced around:
We're all inflamed then comes the sorrowing:
Before you know it, there's a novel brewing!
Why don't *we* give such a piece!

Director
That's enough words for the moment,
Now let me see some action!

Prologue In Heaven

(God, the Heavenly Hosts, and then Mephistopheles.)

(The Three Archangels step forward.)

Raphael
The Sun sings out, in ancient mode,
His note among his brother-spheres,
And ends his pre-determined road,
With peals of thunder for our ears.
The sight of him gives Angels power,
Though none can understand the way.

All Three Archangels
The sight of it gives Angels power
Though none can understand the way.

Mephistopheles
Since, O Lord, you near me once again,
To ask how all below is doing now,

And usually receive me without pain,
You see me too among the vile crowd.
Forgive me: I can't speak in noble style.
You'll get no word of suns and worlds from me.
How men torment themselves is all I see.
He might appreciate life a little more: he might,
If you hadn't lent him a gleam of Heavenly light:
He calls it Reason, but only uses it
To be more a beast than any beast as yet.

God
Do you always come here to complain?
Does nothing ever go right on the Earth?

Mephistopheles
No, Lord! I find, as always, it couldn't be worse.

God
Do you know, Faust?

Mephistopheles
The Doctor?

God
My servant, first!

Mephistopheles

In truth! He serves you in a peculiar manner.
There's no earthly food or drink at that fool's dinner.
He drives his spirit outwards, far,
Half-conscious of its maddened dart:
From Heaven demands the brightest star,
And from the Earth, Joy's highest art,
And all the near and all the far,
Fails to release his throbbing heart.

God

Though he's still confused at how to serve me,
I'll soon lead him to a clearer dawning.

Mephistopheles

What do you wager? I might win him yet!
If you give me your permission first,
I'll lead him gently on the road I set.

God

As long as he's alive on Earth,
So long as that I won't forbid it,
For while man strives he errs.

Mephistopheles

My thanks: I've never willingly seen fit
To spend my time amongst the dead,
I much prefer fresh cheeks instead.

God

Well and good, you've said what's needed!
Divert this spirit from his source,
You know how to trap him, lead him,
On your downward course,
And when you must, then stand, amazed:
A good man, in his darkest yearning,
Is still aware of virtue's ways.

Mephistopheles

That's fine! There's hardly any waiting.
My wager's more than safe I'm thinking.

Scene I: Night

(In a high-vaulted Gothic chamber, Faust, in a chair at his desk, restless.)

Ah! Now I've *done* philosophy,
I've finished Law and Medicine,
And sadly even Theology.
But no wiser than I was before!
I'm not plagued by doubt or scruple,
Scared by neither Hell nor Devil —
Instead all Joy is snatched away,
What's worth knowing, I can't say,
And then I've neither goods nor gold,
No worldly honour, or splendour hold:
Not even a dog would play this part!
Alas! In this prison must I stick?
This hollow darkened hole of brick,
Where even the lovely heavenly light
Shines through stained glass, dull not bright.

What do you say to me, bare grinning skull?
Yet why does that place so draw my sight,
Is that flask a magnet for my gaze?
I salute you, phial of rare potion,
I lift you down, with devotion!
Extract, with deadly power, refined,
Show your master all his craft!
Come here to me, cup of crystal, clear!
Here's a juice will stun any man born:
It fills your hollow with a browner liquid.
I prepared it, now I choose the fluid,
At last I drink, and with my soul I bid
A high and festive greeting to the Dawn!

(He puts the cup to his mouth.)

(Bells chime and a choir sings.)

Choir of Angels
Christ has arisen!
Joy to the One, of us,
Who the pernicious,
Ancestral, insidious,
Fault has unwoven.

Faust

What deep humming, what shining sound
Strikes the glass from my hand with power?

Chorus of Women

With pure spices
We embalmed him,
We his faithful
We entombed him,
Ah! Now we find
Christ is not here.

Choir of Angels

Christ has arisen!
Blissful Beloved,
Out of what grieved,
Tested, and healed:
His trial is won.

Faust

You heavenly sounds, powerful and mild,
Why, in the dust, here, do you seek me?
I know from childhood what it sings,
And I'm recalled to life once more.
Memory's childish feelings, in truth,

Hold me back from the last sombre way.
O, sing on you sweet songs of Heaven!
My tears flow, Earth claims me again!

Scene II: In Front Of The City-Gate

(Passers-by of all kinds appear.)

(Faust and Wagner)

Faust
Rivers and streams are freed from ice
By Spring's sweet enlivening glance.
Turn round, and from this mountain height,
Look down, where the town's in sight.
That cavernous, dark gate,
The colourful crowd penetrate,
All will take the sun today,
The Risen Lord they'll celebrate.

Wagner
Doctor, to take a walk with you,
Is an honour and a prize:
Alone I'd have no business here, true,
Since everything that's coarse I despise.

Shrieking, fiddlers, skittles flying,
To me it's all a hateful noise.
What is it occupies your sight?

Faust
Through corn and stubble, see that black dog running?

Wagner
I saw him long ago: he seems a wretched thing.

Faust
See how he winds in wide spirals,
Round us here, yet always coming nearer?
And if I'm right, I see a swirl of fire
Twisting about, behind his track.

Wagner
Perhaps your eyesight proves a liar,
I only see a dog, that's black.

Faust
It seems to me that with a subtle magic,
He winds a fatal knot around our feet.
The circle narrows: now he's here!

Wagner

You see a dog, there's no spectre near!
He barks uncertainly, lies down and crawls,
Wags his tail. Dogs' habits, after all.

Faust

You're right: and I see nothing
Like a Spirit there.

Scene III: The Study

(Faust enters, with the dog.)

Faust

Fields and meadows now I've left
Clothed in deepest night,
Full of presentiments, a holy dread
Wakes the better soul in me to light.
Wild desires no longer stir
At every restless act of mine:
Love for Humanity is here,
And here is Love Divine.

Quiet, dog! Stop running to and fro!
But what's this I see!
Is it a phantom or is it real?
The dog's growing big and tall.
It's no doglike shape I see!
What a spectre I brought home!
Oh! Now, what you are, I'm sure!

The Key of Solomon is good
For conjuring *your* half-hellish brood.

It fills the room, completely,
It will vanish like mist, I can see.
Don't rise to the ceiling!
Lie down at your master's feet!
You see I don't threaten you lightly.
I'll sting you with fire that's holy!

(As the mist clears, Mephistopheles steps from behind the stove, dressed as a wandering Scholar.)

Mephistopheles
Why such alarms?

Faust
This was the dog's core!
A wandering scholar? The fact makes me smile.

Mephistopheles
I bow to the learned lord!

Faust
What are you?

Mephistopheles
Part of the Power that would
Always wish Evil, and always works the Good.

Faust
You call yourself a part, yet seem complete to me?

Mephistopheles
I'm speaking the truth to you, and modestly.
Even if Man's accustomed to take
His small world for the Whole, that's his mistake:
I'm part of the part, that once was -everything,
Part of the darkness, from which Light, issuing.
Might I be allowed to go?

Faust
Who snares the devil, holds him tight!
He won't be caught like that a second time.

Mephistopheles
I'm willing, if you wish,
To stay here, in your company:
So long as we pass the time, and I insist,
On arts of mine, exclusively.

Faust

Gladly, you're free to present
Them, as long as they're all pleasant.

Mephistopheles

Now, I need no preparation,
We're all here, so let's begin!

(Spirits sing an idyllic song, and Faust falls a sleep.)

Mephistopheles

Now Faust, dream deeply, till we meet.

Faust *(Waking.)*

Am I cheated?
Does the Spirit-Realm's deep yearning fade:
So a mere dream has conjured up the devil,
And only a dog, it was, that ran away?

Scene IV: The Study

(Faust, Mephistopheles)

Faust
A knock? Enter! Who's plaguing me again?

Mephistopheles
I am.

Faust
Enter!

Mephistopheles
Three times you must say it, then.

Faust
So! Enter!

Mephistopheles
Ah, now, you please me.

I hope we'll get along together:
To drive away the gloomy weather,
I'm dressed like young nobility.
And I advise you to do
As I do, in a word:
So that, footloose, fancy free,
You can experience Life, with me.

Faust
This life of earth, its narrowness,
Pains me, however I'm turned out,
I'm too old to play about,
Too young, still, to be passionless.
What can the world bring me again?

Mephistopheles
Among 'the greats', I'm second-class:
But if you, in my company,
Your path through life would wend,
I'll willingly condescend
To serve you, as we go.
I'm your slave: I'm yours!

Faust
And what must I do in exchange?

Mephistopheles

I'll be your servant here:
When we're together, on the other side,
You'll do the same for me.

Faust

The 'other side' concerns me less.

Mephistopheles

In that case, you can venture all.
Commit yourself: today, you shall
View my arts with joy: I mean
To show you what no man has seen.

Faust

If you fool me, with flatteries,
Till my own self's a joy to me,
If you snare me with luxury —
Let that be the last day I see!
That bet I'll make!

Mephistopheles

Done!

Faust

And quickly!
When, to the Moment then, I say:
'Ah, stay a while! You are so lovely!'
Then you can grasp me: then you may,
Then, to my ruin, I'll go gladly!

Mephistopheles

No goal or measure's set for you.
Do as you wish, nibble at everything,
Enjoy it all, whatever you find to do.

Faust

It's not joy we're about.
I'll take the frenzy, pain-filled elation,
Loving hatred, enlivening frustration.
Cured of its urge to know, my mind
In future, will not hide from any pain,
And what is shared by all mankind,
In my innermost self, I'll contain.
How shall we begin then?

Mephistopheles

From here, we'll first win free.
What kind of a martyrs' hole *can* this be?

What kind of a teacher of life is he,
Who fills young minds with ennui?
I hear one of them arriving, too!

Faust
I've no desire to see him, though.

Mephistopheles
The poor lad's waited hours for you.
He mustn't go away un-consoled.
Come: give me your cap and gown.

(He disguised himself.)

I want fifteen minutes with him, only:
Meanwhile get ready for our journey!

(Faust exits.)

Mephistopheles *(In Faust's long gown.)*
I'll drag him through raw life,
Through the meaningless and shallow,
And if he weren't the devil's, why
He'd still go to his ruination!

(A student enters.)

Student
I'm only here momentarily,
I've come, filled with humility,
To speak to, and to stand before,
One who's spoken of with awe.

Mephistopheles
Your courtesy delights me greatly!

Student
I beg you, please enroll me, here!
My mother didn't want to lose me: though,
I'd like to learn what it's right for me to know.

Mephistopheles
Then you've come to the right place, exactly.

Student
To be honest, I'd like to go already:
There's little pleasure for me at all,
In these walls, and all these halls.
It's such a narrow space I find,
You see no trees, no leaves of any kind,

And in the lectures, on the benches,
All thought deserts me, and my senses.

Mephistopheles
It will only come to you with habit.
So the child takes its mother's breast
Quite unwillingly at first, and yet it
Soon sucks away at her with zest.
So will you at Wisdom's breast, here,
Feel every day a little zestier.

Student
I'll cling to her neck with pleasure:
But only tell me how to find her.

Mephistopheles
Then here's the very path for you,
But don't allow yourself to wander off.
Use your time well: it slips away so fast, yet
Discipline will teach you how to win it.
My dear friend, I'd advise, in sum,
First, the *Collegium Logicum*.
There your mind will be trained,
As if in Spanish boots, constrained,
So you'll learn, in many days,

What you used to do, untaught, as in a haze,
Like eating now, and drinking, you'll see
The *necessity* of One! Two! Three!

Student
I'm not sure that I quite understand.

Mephistopheles
But choose a faculty, any one!

Student
I've nearly settled on Theology.

Mephistopheles
I wouldn't wish to guide you erroneously.
In what that branch of knowledge concerns
It's so difficult to avoid a fallacious route,
There's so much poison hidden in what you learn,
And it's barely distinguishable from the antidote.
The best thing here's to make a single choice,
Then simply swear by your master's voice.
On the whole, to words stick fast!
Through the safest gate you'll pass
To the Temple of Certainty.

Student
On the subject of Medicine,
Have you no helpful word to say?

Mephistopheles *(Aside.)*
I'm tired of this desiccated banter
I really must play the devil, at once.

(Aloud.)

To grasp the spirit of Medicine's easily done:
You study the great and little world, until,
In the end you let it carry on
Just as God wills.
Useless to roam round, scientifically:
Everyone learns only what he can:
The one who grasps the Moment fully,
He's the proper man.
You're quite a well-made fellow,
You're not short of courage too,
And when you're easy with yourself,
Others will be easy with you.
Study, especially, female behaviour:
Their eternal aches and woes,
All of the thousand-fold,

Rise from one point, and have one cure.
Take the pulse firmly, you understand,
And then, with sidelong fiery glance,
Grasp the slender hips, in haste,
To find out whether she's tight-laced.

Student
That sounds much better! The Where and How, I see.

Mephistopheles
Grey, dear friend, is all theory,
And green the golden tree of life.

Student
I swear it's like a dream to me: may I
Trouble you, at some further time,
To expound your wisdom, so sublime?

Mephistopheles
As much as I can, I'll gladly explain.

Student
I can't tear myself away,
I must just pass you my album, sir,
Grant me the favour of your signature!

Mephistopheles
Very well.

(He writes and gives the book back.)

Student *(Reading Mephistopheles' Latin inscription which means: 'You'll be like God, acquainted with good and evil'.)*
Eritis sicut Deus, scientes bonum et malum.

(He makes his bows, and takes his leave.)

Mephistopheles
Just follow the ancient text, and my mother the snake, too:
And then your likeness to God will surely frighten you!

(Faust enters.)

Faust
Where will we go?

Mephistopheles
Where you please.
The little world, and then the great, we'll see.

With what profit and delight,
This term, you'll be a parasite!

Faust
How shall we depart from here, then?
I see not one servant, coach, or horse.

Mephistopheles
We'll just spread this cloak wide open,
Then through the air we'll take our course.
Congratulations on your new career!

Scene V: Auerbach's Cellar in Leipzig

(Friends happily drinking.)

Frosch
Will none of you laugh? Nobody drink?
You're all of you like wet straw today.

Brander
That's up to you, you bring us nothing.
Nothing dumb, or dirty, nothing.

Frosch *(Pouring a glass of wine over Brander's head.)*
You can have both!

Brander
Rotten swine!

Siebel
Out the door, whoever fights! Get out!
Let's sing a heart-felt chorus, drink and shout!

Up! Hurray! Ha!

Altmayer
Ah! I'm in agony!
Earplugs, here! This fellow's deafened me.

Siebel
It's only when it echoes in the tower,
You hear a bass voice's real power.

Frosch
Right, out with him who takes offence!
Ah! Do, re, me!

Altmayer
Ah! Do, re, me!

(Faust and Mephistopheles appear.)

Mephistopheles
First of all, I had to bring you here,
Where cheerful friends sup together,
To see how happily life slips away.
For these folk every day's a holiday.
These folk wouldn't feel the devil, even

If he'd got them dangling by the neck.

Faust
Greetings, sirs!

Siebel
Thank you, and greetings.

(He mutters away, inspecting Mephistopheles side-on.)

What's wrong with his foot: why's he limping?

Mephistopheles
Allow us to sit with you, if you please.
Instead of fine ale that can't be had,
We can still have good company.

Frosch
Was it late when you started out from Rippach?
Perhaps you dined with Hans there, first?

Mephistopheles
We passed straight by, today, without a rest!
We spoke to him last some time back,
When he talked a lot about his cousins,

And he sent to each his kind greetings.

(He bows to Frosch.)

Altmayer *(Aside.)*
He did you, there! He's smart!

Frosch
Wait, I'll have him soon, I'm sure!

Mephistopheles
If I'm not wrong, we heard
A tuneful choir singing?

Frosch
Are you by any chance a virtuoso?

Mephistopheles
No! Though my desire is great, my skill is only so-so.

Altmayer
Give us a song!

Mephistopheles
If you wish it, a few.

(He sings.)

'There was once a king, who
Had a giant flea,
He loved him very much, oh,
He was like a son, you see.
The king called for his tailor,
He came right away:
Now, measure up the lad for
A suit of clothes, I say!

All in silk and velvet,
He was smartly dressed,
With ribbons on his coat,
A cross upon his chest.
He was the First Minister,
And so he wore a star:
His brothers and his sisters,
He made noblest by far.

The lords and the ladies,
They were badly smitten,
The Queen and her maids,
They were stung and bitten.
They didn't dare to crush them,

Or scratch away, all night.
We smother them, and crush them,
The moment that they bite.'
Chorus *(Shouted.)*
'We smother them, and crush them,
The moment that they bite.'

Frosch
Bravo! Bravo! That went sweetly!

Altmayer
Long live freedom, and long live wine!

Mephistopheles
I'd love to drink a glass, in freedom's honour,
If only the wine were a little better.
I fear the landlord might complain
Or I'd give these worthy guests,
One of my cellar's very best.

Siebel
Just bring it on! He'll accept it: I'll explain.

Mephistopheles
Bring me a corkscrew!

Brander
What for?

Altmayer
There's one in the landlord's toolbox, for sure.

Mephistopheles *(Takes the corkscrew. To Frosch.)*
Now, what would you like to try?

Frosch
What? Is there a selection, too?

Mephistopheles
There's a choice for every one of you.

Frosch
Good! When I've a choice, I drink Rhenish.

Mephistopheles *(Boring a hole in the table-edge where Frosch is sitting.)*
Bring me a little wax, to make the seals, as well!

Altmayer
Ah, that's for the conjuring trick, I can tell.

Mephistopheles *(To Brander.)*
And yours?

Brander
Champagne for me is fine.

(Mephistopheles bores the holes: one of the others makes the wax stoppers and stops the holes with them.)

Siebel *(As Mephistopheles approaches his seat.)*
I must confess I do dislike the dry,
Give me a glass of the very sweetest!

Mephistopheles *(Boring a hole.)*
I'll pour an instant Tokay for you, yes?

Altmayer
Now, gentlemen, look me in the eye!
I see you've had the better of us there.

Mephistopheles
Now! Now! With guests so rare,
That would be far too much for me to dare.
Quick! Time for you to declare!
Which wine can I serve you with?

Altmayer

Any at all! Don't make us ask forever.

(Now all the holes have been bored and sealed.)

Mephistopheles *(With a strange gesture.)*

Grapes, they are the vine's load!

Horns, they are the he-goat's:

Wine is juice: wood makes vines,

The wooden board shall give us wine.

Have faith, and here's a wonder!

Now draw the stoppers, and drink up!

All *(Draw the stoppers, and the wine they chose flows into each glass.)*

O lovely fount, that flows for us!

Mephistopheles

But careful, don't lose a drop!

(They drink repeatedly.)

Mephistopheles

Behold how happy is this folk!

Faust
I'd like to leave here now.

Mephistopheles
Watch first: their bestiality
Will make a splendid show.

Siebel *(He drinks carelessly, wine pours on the ground and bursts into flame.)*
Help! Fire! Hell burns bright!

Mephistopheles *(Charming away the flame.)*
Friendly element, be quiet!

Siebel
What's that? You wait! You'll pay dearly!
It seems you don't quite see us right.

Mephistopheles
Be quiet, old wine-barrel!

Siebel
You broomstick! You'll show us you're ill bred?

Brander
Just wait, it'll rain blows, on your head!

Altmayer *(Draw a stopper and fire blazes in his face.)*
I'm burning! Burning!

Siebel
It's magic, strike!
The man's a rascal! Kick him as you like!

(They draw knives and rush at Mephistopheles.)

Mephistopheles *(With solemn gestures.)*
Word and Image, ensnare!
Alter, senses and air!
Be here, and there!

(They look at each other, amazed.)

Altmayer
Where am I? What a lovely land!

Frosch
Vineyards? Am I seeing straight?

Siebel
And, likewise, grapes to hand!

Brander
Deep in this green arbour, here,
See, the vines! What grapes appear!

(He grasps Siebel by the nose: the others do the same reciprocally, and raise their knives.)

Mephistopheles
From their eyes, Error, take the iron band,
And let them see how the Devil plays a joke.

(He vanishes with Faust: the revellers separate.)

Siebel
What's happening?

Altmayer
And how?

Frosch
Was that your nose?

Brander *(To Siebel.)*
And I've still got your nose in my hand!

Scene VI: The Witches' Kitchen

(A giant cauldron stands on a low hearth, with a fire under it. A she-Ape sits next to it, skimming it, watching to see it doesn't boil over. The He-Ape, with young ones, sits nearby warming himself.)

Faust

These magical wild beasts repel me, too!
Are you telling me I can be renewed,
Wandering around in this mad maze,
Demanding help from some old hag:
That her foul cookery will spirit away
Thirty years from my age, just like that?
Why is that old witch necessary!
Why can't you, yourself, make the brew?

Mephistopheles

What a lovely occupation for me!
It's not just art and science that tell,
Patience is needed in the work as well.

(To the creatures.)

The mistress isn't home, I say?

The Creatures
Feasting away,
Gone today,
The Chimney way!

Mephistopheles
Accursed puppets, tell me true,
What are you stirring in that brew?

The Creatures
We're cooking up thick beggars' soup.

Faust *(Who all this time has been standing in front of a mirror, alternately approaching it and distancing himself from it.)*
What do I see? What heavenly form
Is this that the magic mirror brings!
The loveliest form of Woman, there!
Is it possible: can Woman be so lovely?

Mephistopheles
Naturally, if a God torments himself six days,
And says to himself, *Bravo*, at last, in praise,
He must have made *something* clever.

*(The cauldron that the She-Ape has forgotten to keep
a watch on, now boils over: a great flares from the
chimney. The Witch comes careering down through the
flame, with horrendous cries.)*

The witch
Ow! Ow! Ow! Ow!
Damned creature! Accursed sow!
You left the kettle: you've singed me now!

(Seeing Faust and Mephistopheles.)

What have we here?
Who are you, here?
What do you want?
The fire's pain own
In all your bone!

*(She plunges the skimming-ladle into the cauldron, and
scatters flame towards Faust, Mephistopheles and the*

Creatures. The Creatures whimper.)

Mephistopheles *(Reversing the brush he holds in his hand, and striking among the jars and glasses.)*
One, two! One, two!
There lies the brew!
There lies the glass!
A joke at last,
In time, she-ass,
To your melody, too.

(As the witch starts back in Anger and Horror.)

Do you know me? Skeleton! Scarecrow!
Do you know your lord and master?
Have I hidden my face, you old she-goat?
Have I to name myself, as ever?

The witch
Oh sir, forgive the rude welcome!
I don't see a single foot cloven.

Mephistopheles
This once, you get away with it:
It's truly a good while, isn't it,

Since we've been seen together.

The witch

Now, say how I can be of use.

Mephistopheles

A good glass of your well-known juice!
But I must insist on the oldest:
The years double what it can do.

The witch

Gladly! Here's a flask, on the shelf.

*(The Witch, ceremoniously, pours the drink into a cup:
as Faust puts it to his lips, a gentle flame rises.)*

Mephistopheles *(To Faust.)*

Come on, quickly, run about now:
You need to sweat, that will allow
The power to penetrate, through and through.

Faust

Let me look quickly in the glass, once more!

Mephistopheles

No! No! The paragon of *all* women, you're
About to see before you, personified.

(Aside.)

With that drink in your body, well then,
All women will look to you like Helen.

Scene VII: A Street

(Faust. Margaret, Passing by.)

Faust
Lovely lady, may I offer you
My arm, and my protection, too?

Margaret
Not lovely, nor the lady you detected,
I can go home, unprotected.

(She releases herself and exits.)

Faust
By Heavens, the child is lovely!
Her rosy lips, her clear cheeks,
I'll not forget them in many a week!

(Mephistopheles enters.)

Listen, you must get that girl for me!

Mephistopheles
That one, there? She's come from the priest,
Absolved of all her sins, while I
Crept into a stall nearby:
She is such an innocent thing,
She's no need to sit confessing:
I've no power with such as those, I mean!

Faust
Yet, she's older than fourteen.

Mephistopheles
Now you're speaking like some Don Juan
Who wants every flower for himself alone.

Faust
I'm telling you, short and sweet,
If that young heart doesn't beat
Within my arms, tonight — so be it,
At midnight, then our pact is done.

Mephistopheles
Think, what a to and fro it will take!

I need at least fourteen days, to make
Some kind of opportunity to meet her.

Faust
If I'd seven hours at my call,
I'd not need the Devil at all,
To seduce such a creature.

Mephistopheles
You're almost talking like a Frenchman:
But don't let yourself get all annoyed:
What's the use if she's only part enjoyed?
Now, without complaint or jesting, what
I'm telling you is, with this lovely child,
Once and for all, you mustn't be wild.
She won't be taken by storm, I said:
We'll need to use cunning instead.

Faust
Get me a part of the angel's treasure!
Lead me to where she lies at leisure!

Mephistopheles
So you can see how I will strain
To help you, and ease your pain,

We'll not let an instant slip away,
I'll lead you to her room today.

Faust
And shall I see her? And have her?

Mephistopheles
No! She has to visit a neighbour.
Meanwhile, you can be alone there,
With every hope of future pleasure,
Enjoy her breathing space, at leisure.

Faust
Look for a gift for her, from me!

(He exits.)

Mephistopheles
A present? Good! He's sure to work it!

(He exits.)

Scene VIII: Evening, A small well-kept room.

(Margaret, plaiting and fastening the braids of her hair.)

Margaret
I'd give anything if I could say
Who that gentleman was, today!
He's brave for certain, I could see,
And from some noble family:
That his face readily told —
Or he wouldn't have been so bold.

(She exits.) (Mephistopheles and Faust appear.)

Mephistopheles
Come in: but quietly, I mean!

Faust *(After a moment's silence.)*
I'd ask you, now, to leave me be!

Mephistopheles *(Poking about.)*
Not every girl keeps thing so clean.

(Mephistopheles exits.)

Faust
How a breath of peace breathes around,
Its order, and contentment!
In this poverty, what wealth is found!
In this prison, what enchantment!

And here!

(He lifts one of the bed curtains.)

What grips me with its bliss!
Here the child lay! Life, warm,
Filled her delicate breast,
And here, in pure and holy form,
A heavenly image was expressed!
And I! What leads me here?
Why do I feel so deeply stirred?
What do I seek? Why such a heavy heart?
Poor Faust! I no longer know who you are.
Is there a magic fragrance round me?

I urged myself on, to the deepest delight,
And feel myself melt in Love's dreaming flight!

Mephistopheles *(Appearing.)*
Quick! I see her coming, there.

Faust
Away! Away! I'll not return again.

Mephistopheles
Here's a casket fairly loaded.
Put it just here on the chest,
I swear it'll dazzle her, when she sees.

Faust
I don't know, shall I?

Mephistopheles
Are you asking, pray?

(He places the casket in the chest, and shuts it again.)

Now off we go, and go quickly!

(They exit.)

(Margaret with a lamp.)

Margaret
It's so close and sultry, here.

(She opens the window.)

And yet it's not warm outside.
It troubles me so, I don't know why —
I'm such a foolish girl, so timid!

(She opens the chest in order to arrange her clothes, and sees the casket.)

How can this lovely casket be here? I'm sure
I locked the chest when I was here before.
A jewel box!

(She puts the jewellery on and stands in front of the mirror.)

If only the earrings were mine!
At once one looks so different.
What makes us beautiful, young blood?
All that's fine and good,

But it's discounted, in the end,
They praise us half in pity.
To gold they tend,
On gold depend,
All things! Oh, poverty!

Scene IX: Promenade

(Faust walking about pensively. Mephistopheles appears.)

Mephistopheles
Scorned by all love! And by hellfire! What's worse?
I wish I knew: I could use it in a curse!

Faust
What's wrong?

Mephistopheles
I'd pack myself off to the Devil, in disgrace,
If I weren't a Devil myself already!

To think, the priest should get his hands on
Jewellery that was meant for Gretchen!
Her mother snatched it up, to see,
And was gripped by secret anxiety.
That woman's a marvellous sense of smell,

From nosing round in her prayer-book too well,
And sniffs things, ever and again,
To see if they're holy or profane:
And about the jewels, she felt, that's clear,
There's not much of a blessing here.
Her mother let the parson in:
He'd scarcely let the game begin
Before his eyes filled with enjoyment.

Then he took the bangles, chains and rings,
As if they were merely trifling things,
Thanked her too, no less nor more
Than if it were a sack of nuts.

Faust
And Gretchen?

Mephistopheles
Sits there, restlessly, still
Not knowing what she should do, or will,
Thinks of the jewels night and day,
But more of him who placed them in her way.

Faust
The dear girl's sadness brings me pain.

Find some jewels for her, again!
Fix it: arrange it, as I want you to,
Attach yourself to her neighbour, too!

Mephistopheles
Yes, gracious sir, gladly, with all my heart.

(Faust exits.)

Such a lovesick fool would blow up the Sun,
High up in the air, with the Moon and Stars,
To provide his sweetheart with some diversion.

(He exits.)

Scene X: The Neighbour's House

Martha *(Alone.)*
God forgive that man I love so well,
He hasn't done right by me at all!
Off into the world he's gone,
And left me here, in the dust, alone.

(She weeps.)

Perhaps, he's even dead!
If I'd only his death certificate to show!

(Margaret enters.)

Margaret
Martha!

Martha
My little Gretchen, what's happened?

Margaret

My legs are giving way beneath me!
I've found another box of jewellery
In the chest: it's of ebony, fashioned,
Full of quite splendid things.

Martha

You'd better not tell your mother:
She'll give it to the Church, like the other.

Margaret

I can't wear them in the street, alas,
Nor be seen like this, at Mass.

Martha

Come often then, to me, as before:
You can put them on, here, secretly.

(A knock.)

Martha *(Looking through the shutter.)*
It's a stranger, a gentleman — Come in!

(Mephistopheles enters.)

Mephistopheles

In introducing myself so freely,
I ask you ladies to excuse me.
It's Martha Schwerdtlein I seek!

Martha

I'm she, what do you wish with me?

Mephistopheles

I wish I brought you happier news! —
Your husband's dead.

Martha

He's dead? That true heart! Oh!
My man is dead! I'll die, also!

Margaret

Ah! Dear lady, don't despair!
That's why I'll never love while I've breath,
Such a loss would grieve *me* to death.

Mephistopheles

Joy must have sorrows: sorrow its joys, too.

Martha

Have you brought nothing else, from him?

Mephistopheles

Yes a request, it's large and heavy:

For you to sing a hundred masses for him!

Otherwise, no, my pocket's empty.

Martha

What? No piece of show? No jewellery?

Mephistopheles

Madam, it's a heavy grief to me:

But truly his money wasn't wasted.

And then, he felt his errors greatly,

Yes, and bemoaned his bad luck lately.

Margaret

Ah! How unlucky all men are! I'll

Be sure to offer many a prayer for him.

Mephistopheles

You're worthy of soon marrying:

You're such a kindly child.

Margaret
Oh, no! That wouldn't do as yet.

Mephistopheles
If not a husband, a lover, while you wait.
It's heaven's greatest charm,
To have a dear one on one's arm.

Margaret
That's not the custom of the country.

Mephistopheles
Custom or not! It seems to be.

(To Martha.)

If I were truly in your place,
I'd mourn him quietly for a year,
And look, meanwhile, for a dear new face.

Martha
Ah, sweet God! I'll not easily find another,
In all the world, such as my first one was!
Only he loved roaming too much, at last,
And foreign women, and foreign wine,

And the rolling of those cursed dice.

Mephistopheles
I swear that, with that same condition,
I'd swap rings with you, no question!

Martha
O, the gentleman's pleased to jest!

Mephistopheles *(To himself.)*
I must fly from here, swift as a bird!
She might hold the Devil to his word.

(To Gretchen.)

How does your heart feel? At rest?

Margaret
What does the gentleman mean?

Mephistopheles *(To himself.)*
Sweet, innocent child!

(Aloud.)

Farewell, ladies!

Martha

Oh, speak to me yet, a while!
I'd like a witness, as to where, how, and when
My darling man died and was buried: then,
As I've always been a friend of tradition,
Put his death in the paper, the weekly edition.

Mephistopheles

Yes, dear lady, two witnesses you need
To verify the truth, or so all agree:
I've a rather fine companion,
He can be your second man.
I'll bring him here.

Martha

Oh yes, please do!

Mephistopheles

That young lady will be here, too?
He's a brave youth! Travelled, yes,
And with ladies he's all politeness.

Martha

Behind the house, then, in my garden,
Tonight: we'll expect you gentlemen.

Scene XI: The Street

(Faust. Mephistopheles.)

Faust
How goes it? Will it be? Will it soon be done?

Mephistopheles
Ah, bravo! Do I find you all on fire?
You'll meet tonight, at her neighbour Martha's home.

Faust
All right!

Mephistopheles
We only have to bear a valid witness,
That her husband's outstretched members bless
A consecrated place in Padua.

Faust
Brilliant! We must first make the journey there!

Mephistopheles

Sacred Simplicity! There's no need to do that.

Just testify, without saying too much to her.

Faust

If you can't do better than that, your pact I'll tear.

Mephistopheles

O holy man! Now I see you there!

Is it the first time in your life, come swear,

That you've ever born false witness?

Haven't you shown skill in definition

Of God, the World, what's in it, Men,

What moves them, in mind and breast?

And if you look at it more deeply, oh yes,

Did you know as much now — confess,

As you do about Herr Schwerdtlein's death?

Faust

You are, and you'll remain, a Liar and a Sophist.

Mephistopheles

Yes when no one's the wiser for it.

This coming morn, in all honour though,

Won't you beguile poor Gretchen so:

And swear you love her with all your soul?

Faust
From my heart.

Mephistopheles
Well, and good!
And will your eternal Truth and Love,
Your one all-powerful Force, above —
Flow from your heart, too, as it should?

Faust
Stop! Stop! It will! If I but feel,
For that emotion, for that throng,
Seek the name, that none reveal,
Roam, with senses, through the world.
Seize on every highest word,
And call the fire, that I'm tasting,
Endless, eternal, everlasting —
Does that to some devil's game of lies belong?

Mephistopheles
Yet, I'm still right!

Faust

Come, chattering fills me with disgust,
And then you're right, especially since I must.

Scene XII: The Garden

(Margaret on Faust's arm, Martha and Mephistopheles walking up and down.)

Margaret

I know the gentleman flatters me,
Lowers himself, and shames me, too.
A traveller is used to being
Content, out of courtesy, with any food.
I know too well, so learned a man,
Can't feed himself on my poor bran.

Faust

A glance, a word from you, feeds me more,
Than all the world's wisest lore.

(He kisses her hand.)

Margaret

Don't trouble yourself! How could you kiss it?

It's such a nasty, rough thing!

(They move on.)

Martha
And you, sir, you're always travelling?

Mephistopheles
Ah, work and duty are such a bother!
There's many a place one's sad at leaving,
And daren't stay a moment longer!

Martha
In youth it's fine, up and down,
Flitting about, the whole world over:
Then harsher days come round,
And lonely bachelors small joy discover,
In sliding towards their hole in the ground.

Mephistopheles
I view the prospect with horror.

(They move on.)

Margaret

Yes, out of sight is out of mind!

Politeness comes naturally to you:

But you'll meet friends, often, who,

Are more sensible than me, you'll find.

Faust

Dearest, believe me, what men call sense,

Is often just vanity and short-sightedness.

Margaret

It's only for a moment that you think of me,

I've plenty of time to dream about your face.

Faust

You're often alone, then?

Margaret

Yes, our household's a little one,

Yet it has to be cared for by someone.

We have no servant: I sweep, knit, sew,

And cook, I'm working early and late:

And in everything my mother is so

Strict, and straight.

My brother is a soldier: I'd

A younger sister who died.
The trouble I had with that child:
Yet I'd take it on again, the worry,
She was so dear to me.

Faust
An angel, if like you.

(They move on.)

Martha
Say, have you never found anyone, dear sir?
Has your heart never been captured, anywhere?

Mephistopheles
The proverb says: A hearth of your own,
And a good wife, are worth pearls and gold.

Martha
I mean: have you never felt desire, even lightly?

Mephistopheles
I've everywhere been treated most politely.

Martha

I meant to say: were you never *seriously* smitten?

Mephistopheles

With ladies, one should never dare be flippant.

Martha

Ah, you *won't* understand me!

(They move on.)

Faust

And, Angel, did you recognise me again,
As soon as I appeared in the garden?

Margaret

Didn't you see my gaze drop then?

Faust

Sweet darling!

Margaret

Wait a moment!

(She picks a Marguerite and pulls the petals off one by one.)

Faust
What's that for, a bouquet?

Margaret
No, it's a game.

(She pulls off the petals, murmuring to herself.)

He loves me — he loves me not.

Faust
You sweet face that Heaven forgot!

Margaret *(Continuing.)*
Loves me — Not — Loves me — Not

(She plucks the last petal with delight.)

He loves me!

Faust
Yes, my child! Let this flower-speech
Be heaven's speech to you. He loves you!
Do you know what that means? He loves you!

(He grasps her hands.)

Margaret
I'm trembling!

Faust
Don't tremble, let this look,
Let this clasping of hands tell you
What's inexpressible:
To give oneself wholly, and feel
A joy that must be eternal!

(Margaret presses his hands, frees herself, and runs away. He stands a moment in thought: then follows her.)

Scene XIII: An Arbour in the Garden

(Margaret comes in, hides behind the door of the garden-house, holds her fingers to her lips, and peeps through the gaps.)

Margaret
He's coming.

Faust *(Appearing.)*
Ah, rascal, you tease me so! I've got you!

(He kisses her.)

Margaret *(Clasping him, and returning the kiss.)*
Dearest man! With all my heart I love you!

(Mephistopheles knocks.)

Faust *(Stamping his foot in frustration.)*
Who's there?

Mephistopheles
A dear friend!

Faust
A creature!

Mephistopheles
It's time to go.

Martha *(Appearing.)*
Yes, sir, it's late!

Faust
May I keep company with you, though?

Margaret
My mother would tell me, — Farewell!

Faust
Must I go, then?
Farewell!

Martha
Goodbye, now!

Margaret

And soon to meet again!

(Faust and Mephistopheles exit.)

Dear God! That one man, by thinking,
Can know everything, oh, everything!
I stand in front of him, ashamed
And just say yes to all he says.

Scene XIV: Forest and Cavern

Summary: Torn by the ambivalence between his unselfish love for Gretchen and his passionate desire for her, Faust seeks the solitude of the woods for his thoughts. Mephistopheles finds Faust and derides his foolish behavior. Mephistopheles provokes Faust with continued erotic references to Gretchen. Still confused by his doubts, Faust can no longer control himself and hurries away to see Gretchen.

Scene XV: Gretchen's Room

(Gretchen alone at the spinning wheel.)

My peace is gone,
My heart is sore:
I'll find it, never,
Oh, nevermore.

When he's not here,
My grave is near,
The world is all,
A bitter gall.

Only to see him
I look out.
Only to meet him,
I leave the house.

And all his speech
Like magic is,

His fingers' touch,
And, oh, his kiss!

My heart aches
To be with him,
Oh if I could
Cling to him,

And kiss him,
The way I wish,
So I might die,
At his kiss!

Scene XVI: Martha's Garden

(Margaret. Faust.)

Margaret
Promise me, Heinrich!

Faust
If I can!

Margaret
Say, as regards religion, how you feel.
I know that you are a dear, good man,
Yet, for you, it seems, it has no appeal.

Faust
Leave that alone, child! You feel I'm kind to you:
For Love I'd give my blood, my life too.
I'll rob no man of his church and faith.

Margaret
That's not right, we *must* have faith.
You don't respect the Holy Sacrament.

Faust
I respect it.

Margaret
Without wanting it, though. You've passed
So many years without confession, or mass.
Do you believe in God?

Faust
My darling, who dare say:
'I believe in God'?

Margaret
So, you don't believe?

Faust
Sweetest being, don't misunderstand me!
Who dares name the nameless?
Or who dares to confess:
'I believe in him'?
The all-clasping,

The all-upholding,
Does it not clasp, uphold,
You: me, itself?
Don't the heavens arch above us?
Doesn't earth lie here under our feet?
And don't the eternal stars, rising,
Look down on us in friendship?
Are not my eyes reflected in yours?
And don't all things press
On your head and heart,
And weave, in eternal mystery,
Visibly: invisibly, around you?
Fill your heart from it: it is so vast,
And when you are blessed by the deepest feeling,
Call it then what you wish,
Joy! Heart! Love! God!
I have no name
For it! Feeling is all:
Names are sound and smoke,
Veiling Heaven's bright glow.

Margaret
Listening to you, it almost seems quite fine,
Yet something still seems wrong, to me.
And I've long been grieved

To see you in such company.

Faust
Why, who?

Margaret
That man who hangs round you so,
I hate him in my innermost soul.
When he meets with us, wherever,
I feel that I no longer love you.
Ah I can't pray when he's there,
Heinrich, for you too, surely it's so.

Faust
It's merely an antipathy!

Margaret
I must go now.

Faust
Ah, will there never be
An hour where I can clasp you to my heart,
And heart to heart, and soul, to soul impart?

Margaret

Ah, if I only slept alone!

For you, I'd gladly draw the bolt tonight:

But my mother hears the slightest tone,

And if we were caught outright,

I'd die on the selfsame spot!

Faust

You angel: no need for that.

Here is a little phial to keep!

Three drops of this, in her drink, she'll take,

And Nature will favour her with deepest sleep.

Margaret

What would I not do for your sake?

I hope that it won't harm her though!

Faust

Would I advise it, Love, if it were so?

Margaret

Ah, I only have to see you, dearest man,

And something bends me to your will.

Scene XVII: At The Fountain

(Gretchen and Lisbeth.)

Lisbeth
Have you not heard from Barbara?

Gretchen
Not a word. I go out so seldom.

Lisbeth
It's certain, Sibyl told me: well then,
She finally fell to that seducer.

Gretchen
How so?

Lisbeth
It stinks!
She's feeding two when she eats and drinks.

Gretchen
Oh!

Lisbeth
Serves her right then, finally.
She clung to that fellow, oh so tightly!

Gretchen
The poor thing!

Lisbeth
Why are you so pitying?
She can't raise her head again,
In a sinner's shift now, penitent.

Gretchen
Surely he'll take her for his wife.

Lisbeth
He'd be a fool! A lively fellow
Can ply his trade elsewhere, and so —
He's gone.

(She exits.)

Gretchen *(Walking home.)*
How proudly I'd revile her, then,
Whenever some poor girl had fallen!
Yet now I'm the image of sin, myself!
Yet all that drove me on to do it,
God! Was so fine! Oh, so sweet!

Scene XVIII: A Tower

(In a niche of its wall a shrine, and image of the Mater Dolorosa, with flowers in front of it. Gretchen sets out fresh flowers.)

Gretchen
Oh bow down,
Sorrowful one,
Your kind face, to my affliction!

A sword in your heart,
Where a thousand pains start,
You look up, at your dead Son.

You look up to the Father,
You send Him your sighs, there,
For His, and for your, affliction.

Who then can feel,
How like steel,

Is the pain inside my bones?
What my poor heart fears for,
What it quakes for, and longs for
You know, and you alone!
Help me! Oh, save me, from shame and destruction!
Oh, bow down,
Sorrowful one,
Your kind face, to my affliction!

Scene XIX: Night

(The street in front of Gretchen's door.)

Valentine *(A soldier, Gretchen's brother.)*
When I have sat, and heard the toasts,
Where everyone makes good his boasts,
And comrades praised, to me,
The flower Of maidenhood,
I sat in my own peace secure,
Listening to the boastful roar,
And as I stroked my beard, I'd smile
Saying: 'Each to his own, but I'll
Ask if there's any in this land,
Who, to my Gretel, can compare
Whose worth can ever equal hers?'
Hear! Hear! Clink! Clang! Went around:
Some cried out: 'He's quite correct,
She's an ornament to all her sex.'
And now! — I could tear my hair out, bawl,
And dash my head against the wall! —

With jeers, they now turn up their noses:
Every rogue can taunt me, he supposes!
And though I thrash them all together,
I've still no right to call them liars.
Who goes there? What's creeping by?
If I'm not wrong, there's two I spy.
If it's him, I'll have him by the skin,
Alive he'll not leave the place he's in!

(Faust. Mephistopheles)

Faust

How the glow of the eternal light
Shines from the Sacristy window, there,
On either side grows fainter, fainter,
And all around draws in the night!
Now it seems as dark within my heart.

Mephistopheles

I'll sing a few moralising bars,
All the better to seduce her.

(Sings to the zither.)

'Why are you here,

Katrina dear,
In daylight clear,
At your lover's door?
No, no! Not when,
It will let in,
A maid, and then,
Let out a maid no more!'

Valentine *(Approaching.)*
Whom do you lure?
You evil-tongued rat-catcher!

Mephistopheles
The zither's broken! There's nothing left of it.

Valentine
There's a still a skull left I'll need to split!

Mephistopheles *(To Faust.)*
Look lively, Doctor! Don't give ground.
Stand by: I'll command this thing.
Out with your fly-whisk, now.
You lunge! I'm parrying.

Valentine
Parry, then!

Mephistopheles
And why not, indeed?
Valentine
And that!

Mephistopheles
Ah, yes!

Valentine
The devil opposes me!
What's this? My hand's already maimed.

Mephistopheles *(To Faust.)*
Thrust, home!

Valentine *(Falls.)*
Ah!

Mephistopheles
Now, the lout is tamed!
Away, we must go!

(He exits with Faust.)

Martha *(At the window.)*
Come here! Come here!

Gretchen *(At the window.)*
Here, bring a light!

Martha
Hear how they swear and struggle, yell and fight.

On-lookers
Here's one dead already!

Gretchen *(Leaving the house.)*
Who is it, lying there?

On-lookers
Your mother's son.

Gretchen
Almighty God! What misery!

Scene XX: The Cathedral

(A Mass, with organ and choir.)

(Gretchen among a large congregation: the Evil Spirit behind Gretchen.)

The Evil spirit
Gretchen!
What's in your mind?
In your heart,
What crime?
Do you pray for your mother's soul, who
Through you, fell asleep to long, long torment?
Whose blood is on your doorstep?
And beneath your heart,
Does not something stir and swell,
And trouble you, and itself,
A presence full of foreboding?

Gretchen
Oh! Oh!
Would I were free of the thoughts
That rush here and there inside me,
Despite myself!

Choir *(Singing the Requiem Mass.)*
'That day, the day of wrath,
will dissolve the world to ash.'

(Sound of the organ.)

The Evil Spirit
Wrath grasps you!
The trumpet sounds!
The grave trembles!
And your heart,
From ashen rest,
To fiery torment
Brought again,
Shudders!

Gretchen
Would I were not here!
It seems to me as if the organ

Steals my breath.

Choir

'So when the Judge takes the chair,
whatever is hidden will appear,
nothing is left unpunished there.'

Gretchen

I'm so stifled!
The pillars of the walls
Imprison me!
The arches
Crush me! — Air!

(She falls, fainting.)

Scene XXI: Walpurgis Night — Scene XXII: A Walpurgis Night's Dream Or Oberon and Titania's Golden Wedding.

Summary: It is Walpurgis Night, when all the witches, evil beings, and magic creatures of the world gather to celebrate a satanic orgy. Mephistopheles guides Faust through his fiendish assembly, and inducing him to participate in their rites. While coupled in an erotic dance with a young female witch, Faust suddenly notices a mouse coming out of his partner's mouth. The shock of this causes him to remember Gretchen. He has a vision of her in chains, and becomes distressed. Mephistopheles immediately gives a fanciful interpretation of the vision and tries to distract Faust by leading him to a theater.

The play which Faust and Mephistopheles attend is entitled Walpurgis Night's Dream. It tells the story of the golden wedding between King Oberon and his wife Titania. Attend the wedding is a panoply of characters, including politicians, artists, figures from mythology, philosophers, and even objects that have come to life. They represent different strains of thought, philosophies, or artistic viewpoints on life.

Scene XXIII: Gloomy Day

(A Field. Faust, Mephistopheles.)

Faust

In misery! Wandering wretchedly on the face of the earth, for ages, and now imprisoned! To this! This! — Treacherous, worthless spirit, you hid it from me! — Imprisoned! In irredeemable misery! And you've troubled me meanwhile with tasteless diversions, concealed her growing misery from me, and left her helpless in the face of ruin!

Mephistopheles
She is not the first.

Faust
Dog! Loathsome Monster!

Mephistopheles
Why did you enter into partnership with us, if you can't

go through with it? Did we thrust ourselves on you, or you on us?

Faust

Don't gnash your greedy jaws at me! It disgusts me! Save her, or woe to you!

Mephistopheles

'Save her!' — Who was it dragged her to ruin? I or you?

(Faust looks around, wildly.)

Would you grasp the lightning?

Faust

Take me to her! She shall be freed!

Mephistopheles

I'll take you: listen to what I can do! I'll confuse the jailor's mind: you take possession of the key, and bring her out. I'll keep watch: magic horses are ready: I'll carry you away. That, I can do.

Faust

Away!

Scene XXIV: Night

(An open field. Faust and Mephistopheles flying onwards on black horses.)

Faust
What do they weave, round the Ravenstone?

Mephistopheles
I don't know what they're cooking and brewing.

Faust
Soaring up, diving down, bending and bowing.

Mephistopheles
A guild of witches.
Away! Away!

Scene XXV: A Dungeon

(Faust, with a bunch of keys and a lamp, in front of an iron door.)

A long-forgotten shudder grips me,
I'm gripped by all of Mankind's misery,
Here behind these damp walls, she
Lives: and all her guilt's illusory.
On! Fear adds to death's proximity.

(He grips the lock. She sings within.)

My mother, the whore
She killed me!
My father, the rogue,
He gnawed me!
Little sister alone
Laid out the bone
In the cool of the clay:
Then I was a sweet bird on the stone.

Fly away! Fly away!

Faust *(Unlocking the door.)*
She doesn't know her lover's listening.
(He enters.)

Margaret *(Hiding herself in the bed of straw.)*
Woe! Woe! It comes. Bitterest Death!

Faust *(Whispering)*
Hush! Hush! It's I who come, to free you.

Margaret *(Throwing herself down in front of him.)*
Are you a man? Then pity my distress.
Who gives the executioner
Such power over me!

(She stands up.)

I'm still so young, so young!
And yet I'll die!
I was lovely too, that was my
Ruin. My love was near, now he's gone.
Don't grip me, now, so violently!
What harm have I done you? Spare me!

Faust
How shall I endure this misery!

Margaret
I'm wholly in your power. Oh,
Let me feed my baby first.
I caressed it all night, though,
They told me I caused it hurt,
And now they say I killed it,
And now I'll never be happy again.

Faust *(Falling on his knees.)*
A lover lies at your feet,
Who'll end your painful slavery.

Margaret *(Throwing herself down next to him.)*
O let's kneel, the saints will bless!

Faust *(Aloud)*
Gretchen! Gretchen!

Margaret *(Listening closely.)*
The voice of my lover!
Where? I heard him call me.

Faust
I'm here!

(She embraces him.)

Margaret
It's he! It's he! Where now is all the pain?
You're here! You come to save me.
I am saved!

Faust *(Struggling to move.)*
Come with me! Come!

Margaret *(Caressing him.)*
O stay,
I'll gladly stay, if you are with me.

Faust
Away!
If you don't hurry,
We'll pay for this.

Margaret
What? You can no longer kiss?
My dear, so short a time to miss me,

And you've forgotten how to kiss me?
Why am I so anxious on your breast?
When, once, at your words, your gaze,
With a whole heaven I was blessed,
And you kissed me, enough to suffocate.
Kiss me!

(She embraces him.)

Faust
Come! Follow me! Darling, be bold!
I'll clasp you with a thousand-fold
Warmth: now follow me! I beg you!

Margaret
You'll loose the chains,
And take me to your breast, again.
How is it you don't shrink from me?
I've killed my mother,
I've drowned my child.

Give me your hand! This is no dream.
Your dear hand! — Ah, but it's damp!
Wipe it clean! Why do I think,
It has blood on.

Ah God! What have you done?
Put your sword away,
I beg you, please!

Faust
Let past be past I say!
You're destroying me!

Margaret
No you must live on: must do.
I'll describe our graves to you.
The best one is for my mother,
Then, by her, my brother,
Myself, a little further, lay,
And the little one, at my right breast.
No one else by me will lie! —
Ah, to nestle at your side,
That was a sweet, a darling bliss!
But no more will I achieve it.
And yet it's you, so good, so sweet to see!

Faust
You know it is, so come with me!

Margaret

Out there?

If the grave is there,

Death waiting, then I come!

From here to everlasting rest,

And not a step further.

You go now? O Heinrich, if I could!

Faust

You can! The door is open!

Margaret

I dare not: there's no hope for me then.

What use is flight? They lie in wait for me.

To be forced to beg is a bitter existence,

And cursed too with an evil conscience!

Faust

I'll stay beside you.

Margaret

Quickly! Quickly!

Save my poor baby!

Away! Down the ridge,

Now, by the brook,

Over the bridge,

Into the wood,

There, in the pool.

Seize it now: you!

It's trying to rise,

It's moving still!

Save it! Save it!

Faust

Be sensible!

Only one step, and then you're free!

Margaret

If we were on the mountain, only!

There my mother sits, on a stone,

And wags her head, so heavy.

Her sleep's so long: she'll wake no more.

She slept, while we took our pleasure.

That was such a time to treasure!

Faust

Here all's useless, speech or prayer:

I'll take you from this place: I'll dare.

Margaret

Let me alone! No, no force!

Don't grip me so murderously!

Faust

The day breaks! Dearest! Dearest!

Margaret

Day! Yes, it's dawn! The last I'll see:

My wedding day, that was to be!

It's done with: all in vain!

The bell tolls, the wand breaks.

Now, they seize and tie me!

I'm dragged already to the block.

The blade that quivers over me,

Has quivered before over every neck.

Silent the world, now, as the grave!

Faust

Oh, would that I'd never seen the light!

Mephistopheles *(Appear outside.)*

Away! Or you'll be lost, tonight.

Useless staying and praying! Chattering!

The horses are shivering,

The dawn breaks, clear.

Margaret
What rises in the doorway, here?
Him! Him! Send him away!
Why is he here in this holy place?
He wants me!

Faust
You shall live!

Margaret
God of Judgement! To you, myself I give!
Father, save me! I belong to you!
Heinrich! For you, I fear.

Mephistopheles
She is judged!

A Voice *(From above.)*
She is saved!

Mephistopheles *(To Faust.)*
To me, here!

(He vanished, with Faust.)

A Voice *(From within, dying away.)*
Heinrich! Heinrich!

Faust

PART II

Act I Scene I: A Pleasant Landscape

(Faust is lying on flowery turf, tired and restless, trying to sleep. A circle of tiny, graceful spirits hovers round him.)

Ariel *(Chanting, accompanied by Aeolian Harps.)*
When the springtime blossoms, falling,
Shower down, and cover all things,
When the fields with greener blessing
Dazzle all the world of earthlings,
Little elves, but great in spirit,
Haste to help, where help they can,
And, be he holy, be he wicked,
Pity they the luckless man.

You, hovering in airy circles, round his head
Show yourselves in proud elf-form, instead,
Calm all the fierce resistance of his heart,
Remove the bitter barbs of sharp remorse,
Free him from past terrors, by your art.

Faust

Life's pulses beating now, with new existence,
Greet the mild ethereal half-light round me:
You, Earth, stood firm tonight, as well: I sense
Your breath is quickening all the things about me,
Already, with that joy you give, beginning
To stir the strengthening resolution in me,
That strives, forever, towards highest Being.

Act I Scene II: The Emperor's Castle: The Throne Room

(A council of state waits for the Emperor. Trumpets.)

(Enter courts attendants of all kinds, splendidly dressed. The Emperor approaches the throne: the Astrologer is to his right.)

The Emperor
I greet you all, the loved, and true,
Gathered here from far and wide: I
see a wise man's at my side,
But where on earth's the fool?

Attendant
Right behind your mantle there,
He suddenly tumbled on the stair,
They dragged away the pile of fat.

A Second Attendant
At once, and at a wondrous pace,

Another came to take his place.
Guards closed the door in his face —
Yet here he comes, the daring fool!

Mephistopheles *(Kneeling in front of the throne.)*
What is cursed, and yet is welcomed?
What's desired, yet chased away?

The Emperor
For once, at least, spare us your babble!
I fear my old fool's wandered far in space:
Come to my side, here, and take his place.

(Mephistopheles places himself on the Emperor's left.)

The Emperor
So now, my faithful and beloved,
Tell me, why in days like these,
When carnival masks are all our wear,
And delightful things are waiting,
We trouble ourselves with debating?
Yet since you say we have to do it,
It's settled then, and we'll go to it.

The Chancellor

Look about, from this height's extreme,
Across the realm: it seems like some bad dream.
Here one steals cattle, there, a wife,
And boasts of it for many a year,
His skin's intact, and so's his life.
At last the well-intentioned man
Yields to the bribe, the flatterer:
And the judge who can't convict, is hand
In hand with the criminal offender.
The conclusion's inescapable:
If all men suffer when all cause trouble,
Then His Majesty himself is harmed.

The Commander in Chief

How riotous things are in this wild age!
They all lash out, and are lashed, these days,
And everyone is deaf to all command.
The impatient mercenaries
Impetuously demand their pay.
The kingdom, they should keep entire,
Is plundered, and distressed.

The Treasurer

In allies, then, who'd put their trust!

The subsidies they promised us,
Like water pipes are all blocked up.

The Emperor *(After reflection, to Mephistopheles.)*
Fool, do you know anything else that's wrong?

Mephistopheles
In this world, what isn't lacking, somewhere?
Sometimes it's this, or that: here what's missing's gold.
True you can't just rake it up from the floor,
But wisdom knows the mines where one gets more.

The Emperor
We're short of gold, well fine, so fetch some then.

Mephistopheles
I'll fetch what you wish, and I'll fetch more:
It's there already, yet how we might achieve it,
That's the tricky thing, knowing how to seize it.

The Emperor
Quick then, quick! How slow it always is!

The Astrologer *(Speaks, with Mephistopheles prompting him.)*

Sire, restrain your urgent passion, please.
First let all your pleasant pastimes go:
Distracted natures won't achieve the goal.

The Emperor
So let the time be passed in merriment!

Act I Scene III: A spacious Hall with Adjoining Rooms

(Arranged and decorated for a Carnival Masque.)

Herald

In our German lands, fear no evil,
Dance of Death or Fool, or Devil:
There's a cheerful feast, here: wait.

Flower Girls *(Singing, accompanied by mandolins.)*
Dressed to win your praises,
We are here tonight,
Young Florentine ladies,
At the German Court of light.

Herald
Let's see those trays of flowers
That you carry on your heads.
What each likes, let her select.

(The Herald calls on characters from Greek Mythology,

who even in modern masks lose neither their character
nor power to charm.)

(The Three Graces appear.)

Aglaia
Grace it is we bring, to living:
So be graceful in your giving.

Hegemone
Gracefully may you receive:
Lovely is the wish achieved.

Euphrosyne
And in quieter hours, and places,
Chiefly, in your thanks, be gracious.

The Herald
Since I play the herald's role,
As this masquerade unfolds,
I watch sternly at the door,
In case some devious outlaw
To this happy place, comes creeping.
Now! From behind, a new masque issues.
See it wander through the crowd?

A splendid chariot, a four-in-hand,
Rolling through them, where they stand:
But it doesn't split the people.
Make way, there! I shudder!

(Plutus, the God of Riches, descend from the chariot.)

Plutus *(Faust in disguise.)*
Now it's time to reveal the treasure!
I strike the lock with the herald's wand.
It's open! Look! Vessels of noblest measure,
Pour the golden blood through your hands,
First it swells, roars, writhes as if it's molten:
A jewelled hoard of crowns, rings, and chains.

Various Shouts from the Crowd.
Look here, oh, there! How rich it flows:
The chest, right to the brim, it glows. —
Golden vessels, molten too,
Rolls of coins, turning too. —
I see all, for which I'm yearning,
On the floor there, burning!

The Herald
What's this, you Fools? Ah, yes,

It's no more than a maskers' jest.
Heroic Mask, Plutus that conceals,
Drive these folk, then, from the field.

Plutus
Your wand's best by a mile.
I'll dip it, quick, in heat and glow. —
It gleams and bursts and throws off sparks!
And anyone who gets too near me,
Will be scorched, as well, mercilessly.

Shouts and Confusion
Ah! We're done for every man. —
Fly, now, whoever can! —

Plutus
The circle backwards sinks,
Yet no one's scorched, I think.

The Herald
You've done a fine job all right.

Plutus
Noble friend, you'll still need patience:
All kinds of turmoil still threaten us.

The Herald *(Grasping the wand in Plutus' hand.)*
The dwarves lead on great Pan,
Gently, to the fiery fountain.
He bends to look inside, and so,
His beard gets caught within!
The beard, on fire, flies back, soon
Scorching garland, chest and head.
They rush to quench it all again,
But none of them are free of flames.
Tomorrow's dawn will declare
What nobody wants to hear:
In every ear we'll hear it plain:
'The Emperor is in such pain.'
Burnt, Emperor and Court together.

Plutus
That's enough terror spread,
Let help arrive here, instead! —
You, the wide realms of air,
Fill with cool fragrance there!
Cloudy mists and swelling vapours,
Quench the thronging flames!

Act I Scene IV: A Pleasure Garden in the Morning Sun

(The Emperor, his Court, Noblemen and Ladies: Faust and Mephistopheles dressed fashionably but not ostentatiously, both kneel.)

Faust
Sire, forgive the fiery conjuring tricks?
The Emperor *(Beckoning to him to rise.)*
More fun, in that vein, would be my wish.

The Steward *(Entering hastily.)*
Your Supreme Highness, I never thought
To announce such luck, the finest wrought:
For debt after debt I've accounted,
The usurer's claws now are blunted.

The Commander in Chief *(Follows hastily.)*
Something's paid of what we owe,
The Army's all renewed their vow.

The Emperor
Now your furrowed brows are clear!

The Treasurer *(Approaching.)*
Ask *them*: it was they who did it all.

Faust
It's right the Chancellor should read the page.

The Chancellor *(Coming forward slowly.)*
I'm happy enough to do so, in my old age.
'To whom it concerns, may you all know,
This paper's worth a thousand crowns.
As a secure pledge, it will underwrite,
All buried treasure, our Emperor's right.
Now, as soon as the treasure's excavated,
It's taken care of, and well compensated.'

The Emperor
I smell a fraud, a monstrous imposture!
Who forged the Emperor's signature?

The Treasurer
Remember! You yourself it was that signed:
Last night. You acted as great Pan,

Here's how the Chancellor's speech began:
'Grant yourself this great festive pleasure,
The People's Good: a few strokes of the feather.'
You wrote it here, and while night ruled the land,
A thousand artists created another thousand,
We stamped the whole series,
Tens, Thirties, Fifties, Hundreds, all are done.

The Emperor
And my people value it as gold, you say?
The Court and Army treat it as real pay?
Then I must yield, though it's wonderful to me.

Faust
The wealth of treasure that in your land,
in deep earth lies, is all unused.

Mephistopheles
Such paper's convenient, for rather than a lot
Of gold and silver, you know what you've got.
You've no need of bartering and exchanging,
Just drown your needs in wine and love-making.

The Emperor
The Empire thanks you deeply for this bliss:

We want the reward to match your service.
We entrust you with the riches underground,
You are the best custodians to be found.
You masters of our treasure, then, unite,
Accept your roles with honour and delight.

The Treasurer
No dispute will divide us in the future:
I'm happy to have a wizard for a partner.

(He exits with Faust.)

Act I Scene V: A Gloomy Gallery

(Faust. Mephistopheles.)

Mephistopheles
Why bring me here to this dark passage?

Faust
The Emperor wants Helen and Paris to appear before him.
Get to work! I daren't break my word.

Mephistopheles
Such a thoughtless promise was absurd.
With Pagan folk I don't get on:
They live in their own Hell there:
Yet, there is a way.

Faust
Tell, without delay!
Where is the path?

Mephistopheles
No path! Into the un-enterable,
Never to be entered: One path to the un-askable,
Never to be asked. Are you ready?
Here take this key.
The key will sniff the place out, from all others.
Sight of a glowing tripod will tell you, finally,
You're in the last deep, deepest there might be.
Go to the tripod: don't hesitate,
And touch it with the key!
And, once you've brought it here all right,
Call the Hero and Heroine from the night.

Faust
And now: what?

Mephistopheles
Stamp to descend, stamp again to go upward.

(Faust stamps and sinks out of sight.)

If he might only gain some good from that key!
I'm curious as to whether he'll return to me.

Act I Scene VI: Brilliantly Lit Halls ~ Scene VII: The Hall of the Knights, Dimly Lit

Summary: The Emperor and his courtiers have gathered in a brightly lit chamber to see Paris and Helen. While waiting for Faust, the ladies badger Mephistopheles for advice about cosmetics and love potions.

Everyone moves to a dimly lit Gothic hall where Faust will present his mythological spectacle. By magic Faust makes a Greek temple appear, then Paris and Helen are seen in the foreground. Most of the courtiers are unimpressed about their looks, but Faust is overwhelmed by Helen's beauty. When he tries to take her away from Paris, however, he is knocked down by an explosion and falls unconscious. Mephistopheles lifts Faust up and carries him out of the room.

Act II Scene I: A high-Arched, Narrow, Gothic Chamber Formerly Faust's, Unchanged

Mephistopheles *(Entering from behind a curtain. As he holds it up and looks behind him, Faust is seen lying stretched out on an antiquated bed.)*

Lie there, unlucky man! One tempted by
The bonds of a love not readily undone!
The man whom Helena shall paralyse
Won't find it easy to regain his reason.

(Looking around him.)

I look upwards, here, around me,
All's unaltered, and undamaged.
The old fur-robe, on the hook, too,
Reminds me of a joke or two.
Again let's dress up as a lecturer!
Today I'll be the Principal, once more.
Where are the people, to welcome me?

(He pulls the bell which gives out a shrill, penetrating sound, making the halls trembling and the doors fly open.)

Famulus *(A College Servant, tottering here, down the long gallery.)*
What a noise! What a quake!
There! How fearful! A giant
Look, in Faust's old garment!

Mephistopheles
Here, my friend! — You're called Nicodemus.

Famulus
How pleased I am you knew me!

Mephistopheles
Where is your master, Doctor Wagner?
He's the one who's always inventing.
Lead me there or bring him here to me!
I'm one who'd speed his luck, you see.

(The Famulus exits.)

Act II Scene II: A Laboratory

(In the fashion of the Middle Ages: lots of heavy apparatus for strange purpose.)

Wagner *(At the furnace.)*
My deepest expectation
Will be unsure no longer.
Soon the dark itself will lighten:
Soon in the innermost phial,
It will glow like living fire.
A clearest white light shines now!
Oh, God! Who's rattling at the door?

Mephistopheles *(Entering.)*
Greetings!

Wagner *(Anxiously.)*
Welcome, to the planet of the hour!

(Whispering.)

But stifle your breath, and words' power,
A noble work is likewise being weighed.

Mephistopheles *(Whispering.)*
What might it be?

Wagner *(Whispering.)*
 A Man is being made.

(He turns towards the furnace.)

It brightens! See!
That, if from the hundred-fold substance,
By mixing — since mixing makes it happen —
The stuff of human life's compounded,
And distilled in a flask, well-founded,
And in proper combination, grounded,
Then the silent work is done.

(He inspects the phial, rapturously.)

The glass rings with sweet power,
It darkens, clears: it must have being!
In a delicate form I see appear
A well-behaved little Man behaving.

Homunculus *(From the phial, to Wagner.)*
Now, father! That was no joke. How are you?
Come: press me tenderly to your heart, too!
But not too hard, the glass may be too thin.

(To Mephistopheles.)

But you, Rascal, my dear Cousin, I thank you, too.
Good fortune's led you here to me:
Since I exist, I must be doing, you see.
I'd like to begin my work today:
You're skilful at shortening the way.

Mephistopheles *(Pointing to a side door.)*
Employ your gifts on this!

(The side-door opens: Faust is seen stretched out on a couch.)

Homunculus *(Astonished.)*
Interesting!

(The phial slips out of Wagner's hands, hovers over Faust, and shine on him.)

One wakes, and gives another pain,
On the spot, dead then, he'll remain.
Wooded founts, swans, naked beauty,
That was his far-sighted dream:
How could this place do duty!
Carry him off!

Mephistopheles
I'd be happy: a last chance.

Homunculus
It's Classical Walpurgis Night:
That's the best, if he were sent
To his own true element!

Mephistopheles
Which path do we take there?

Homunculus
This mantle here,
Fold it around your knight there!
As before, the cloak can carry you.
I'll light the way.

Act II Scene III: Classical Walpurgis Night. The Pharsalian Fields.

(The Airy Travellers speak from above.)

Homunculus
On the ground, and in the vale still,
It's quite ghostly, we discover.
Set the knight down there:
He'll return to life again,
Once he breathes this mythic air.

Faust *(As he touches the ground.)*
Where is she?

Homunculus
We can't say, I fear,
But you can probably enquire here.
Hurry now before it's daylight,
Go and search, from fire to fire.

Mephistopheles
On my own behalf too, I'm here:
But I don't know anything better
Than each to seek, among the fires,
The adventure he desires.
Then, so that we can reunite,
Little one, shine your ringing light.

Homunculus
It shines like this, and rings.

(The glass shines and rings out powerfully.)

Faust *(Alone.)*
Where is she?
Here! By a miracle, on Hellenic land!
A fresh power glows in me.

(He moves away.)

Summary: A profusion of historical and mythical characters appear in a dreamlike sequence of events. Meanwhile, Faust searches for Helen, Homunculus searches for the way to become a real human being, and Mephistopheles finds a disguise as one of the Phorkyads.

Act III Scene I: Before the palace of Menelaus in Sparta

(Helen enters with the Chorus of Captive Trojan Women. Panthalis is leader of the Chorus.)

Helen

I, Helen the much admired yet much reviled,
Come from the shore, where recently we landed.
There, below us, beside his bravest soldiers
King Menelaus, now, celebrates his return.
Do I come as his wife? Do I come as the Queen?
Or a sacrifice, for a Prince's bitter pain,
And the ill fortune long endured by the Greeks?

Chorus

What might happen, think not of that:
Queen, go on, now, step inside,
And be brave!

Helen

Let it be, as it will! Whatever awaits me,

I must go, swiftly, up to that royal house.

(She exits.)

Chorus
Sorrowful prisoners,
All your pain, to the winds:
Share in your mistress' joy
Share now in Helen's joy.

Panthalis *(As leader of the Chorus.)*
Sisters, what do I see! Surely the Queen returns
Walking towards us, again, with anxious steps?
What is it, great Queen? What can you have met with,
To cause you such trembling?

Helen *(Who has left the doors open, in her turmoil.)*
You'll see what I saw yourselves, with your own eyes.
Tall and haggard, with hollow, blood-coloured gaze:
A shape so weird that mind and eye were troubled.
See for yourselves! She even dares the daylight!

(Phorkyas, appears on the threshold, between the doorposts.)

Chorus
Which of the daughters
Of Phorkyas are you?
Since I liken you
To that family.
Monster, do you dare
Here, next to Beauty,
Show yourself to Phoebus,
And his knowing gaze?

Phorkyas *(The transformed Mephistopheles.)*
What then are you, wild Maenads or Bacchantes,
That dare to rage round the great royal palace?
Do you think it's hidden from me what race you are?
You brood, begotten in battle, raised on slaughter,
Lusting for men, the seducers and the seduced,
Draining the soldiers' and the citizens' powers!

Helen
Who abuses the servants before the mistress,
Presumptuously usurping a wife's true rights.
If you've guarded the king's house well until now,
In place of the mistress, such is to your credit:
But now that she comes herself, you should draw back,
Lest you find punishment instead of fair reward.

Phorkyas

Since you, acknowledged, take up your former place
Once more, as Queen, and mistress of the house.
But first of all defend me, who am the elder,
Against this crowd, who if they are compared
To your swanlike beauty, are only cackling geese.

The Leader of the Chorus

How ugly ugliness looks, next to beauty.

Phorkyas

How stupid the lack of reason, next to sense.

Helen

I intervene, not in anger but in sorrow,
To forbid this discord!
Hurry with your sacrifice, now, as the king himself
commanded.

Phorkyas

All is ready in the palace, bowls, and tripods, sharpened
axe-blade. Show me now the ready victim!

Helen

That the king has failed to tell me.

Phorkyas
He said nothing? Words of woe!

Helen
What's this woe that overcomes you?

Phorkyas
Queen, it means you must be slaughtered!
And them.

(Helen and the Chorus stand stunned and alarmed.)

The Leader of the Chorus
You're wise, experienced, and seem well-disposed,
And though this foolish crowd baited you in error,
Speak of a way to escape this fate, if you know it.

Phorkyas
That's easily done: it depends on the Queen alone.

Helen
Let them be afraid! I feel pain but no terror:
Yet if rescue's possible, I gladly accept.

Phorkyas

The vales were neglected for so many years,

Those that rise behind Sparta, to the northward.

Up there, in the mountain vales, a bold race settled.

Helen

Is there a leader? Are they a band of robbers?

Phorkyas

Not robbers, but one of them acts as leader.

He's vigorous, daring, and sophisticated,

An intelligent man: as few among the Greeks.

His fortress! You should see with your own eyes!

Grave, and distinct say: Yes!

And I'll surround you with that fortress.

(Trumpets sound in the distance: the Chorus starts in terror.)

Chorus

Don't you hear the trumpets calling? Don't you see the flash of swords?

Helen

You are a hostile daemon: I feel it deeply,

I'm fearful you'll still make evil out of good.
But then, I'll follow you to that fortress, there.
Now, old one, lead the way!

Act III Scene II: The Inner Court of The Castle

(Surrounded with richly ornamented buildings of the Middle Ages.)

Helen

Pythoness, where are you? However you're named:
Come out from the arches of this dark fortress.
I wish my wanderings ended. I want to rest.

Chorus

My heart is eased! O, see over there,
How a company of handsome youths approach
With lingering step, in dignified order.

(After the boys have descended in long procession, Faust appears at the top of the staircase, in the costume of a knight of the Middle Ages, and then descends slowly and with dignity.)

Faust *(Approaching: a man in chains at his side.)*
Instead of a reverential welcome,
Here I bring a wretch bound fast with chains,
Who failed so in his duty, I failed mine.
This, royal Mistress, is the man selected
To gaze about from the high tower,
And report whatever moves here or there.
You came here: he had nothing to report:
We failed in the reception you deserved.
Only you alone Shall pardon him or punish, as you wish.

Helen
Such great power you choose to grant me,
As judge, as Mistress too, though, I suspect
You intend it as a kind of test —
Yet, I'll employ a judge's first duty,
To give the accused a hearing. Speak out.

Lynceus, the Warden of the Tower
Waiting for the dawn's advances,
Gazing at her eastern house,
Suddenly the sunlight dances,
Marvellously in the south!
Drawn to see the marvel closer,
I gazed at her, the sole delight.

163

How that beauty blinds, and I
Was blinded wholly by the sight.

Helen

I cannot punish this evil that I brought here,
With me. Ah me! What a fierce fate it is
Pursues me, so that everywhere I possess
The hearts of men, and that they neither spare
Themselves nor anything else of worth.

Faust

O Queen, amazed, I see them both together:
The certain archer, and the stricken prey:
I see the bow, from which the shaft was loosed,
That wounded him. Arrow after arrow, now strikes me.
What am I now? My walls you make unsafe
My most faithful servants, you make rebels.
What's left to do but add myself as well,
And all that I have vainly imagined mine?
Freely and loyally, before your feet,
Let me acknowledge you as Mistress,
Whose presence wins you throne and ownership.

Helen

I wish to speak to you, come here then

Beside me! For the empty place invites
Its lord, and so secures this place for me.

Faust
First, let me kiss the gracious hand that lifts me to your
side.

Chorus
Who's offended that our Princess
Grants the master of the castle
A show of friendliness?
Already they sit closer, closer, drawn towards each
other,
Shoulder to shoulder, knee to knee, hand in hand.

*(The scene is completely transformed. Bowers are built
against a range of rocky caverns. A shadowy grove
runs to the foot of the rocks that rise on all sides. Faust
and Helen are not visible: the Chorus lie scattered
about in sleep.)*

Phorkyas
Wake! Wake, and shake the dew from your hair,
The slumber from your eyes! Don't blink so, but hear
me!

Chorus
Tell us, quickly, quickly, all the wonders that have
happened!

Phorkyas
Well, listen: in these caverns, in these grottos, in these
arbours,
Shade and shelter have been granted, to the two idyllic
lovers,
Our Master and our Mistress.

Sweetly sundered,
From the world, alone they summoned me to grant
them quiet service.

In an instant laughter echoes, through the cavernous
recesses:
There I see a boy is springing, from his mother to his
father,
From his father to his mother, all is dandling and
caressing.
A naked wingless Spirit,
Leaps across the solid floor, and the ground beneath
responding,
Sends him flying through the ether, till the second leap

or so, there,

He can touch the cavern roof.

Anxiously his mother's calling: 'Leap as often as you like, dear,

But all flying is forbidden, so beware of taking flight.'

But suddenly he's vanished in a crevice of the cavern,

And it seems he's lost. His mother grieves for him, father comforts,

I stand there, wondering anxiously, but there again's the vision!

Do buried treasures lie there? Robes embroidered all with flowers,

He has fittingly assumed.

And the parents in delight clasp each other to their hearts.

(A pure melodious and exquisite music echoes from the cave. All listen and appear deeply moved. There is a full musical accompaniment from this point to the designated pause.)

(Helen. Faust. Euphorion, in costume as previously described.)

Helen

It requires two noble hearts
For Love to bless humanity,
But to be a thing apart
They must make a precious three.

Faust

All we sought is now discovered:
I am yours, and you are mine:
And we two are bound together,
There's no better fate to find.

Euphorion

Now let me leap, oh,
Now let me spring!
High in the air.

Helen

O think! Please think,
Whom you belong to!
How it would grieve us,
How you'd destroy too,
That sweet achievement,
Yours, his and mine.

Euphorion

Ever higher I must climb.

Ever further I must see.

Now I know where I stand!

Amidst this semi-island,

Amidst Pelop's country,

Earth — kindred to the sea.

Chorus

Why not live here, in peace?

Stay in this lovely land

Stay, and grow old!

Euphorion

Do you dream of peaceful days?

Dream, then as dreamers may.

War is the watchword though.

Victory! It rings out so.

Through vale on vale the echoes call,

Host on host, in sand and spray,

Shock on shock, in anguished fall.

The command is death, now and for all.

Helen, Faust and the Chorus

What horror! What disaster!

Is then death ordained for you?

Euphorion
Should I watch it from afar?
No! I'll share their trouble too.
I am winged here,
I will not wait!
Onward! I must! I must!
Let me but fly!

(He hurls himself into the air: his clothes bear him a moment, his head is illuminated and a streak of light follows.)

Chorus
Icarus! Icarus!

(A beautiful youth falls at the parents' feet. The physical part vanishes at once, while an aureole rises like a comet to heaven. The clothes, cloak and lyre remain on the ground.)

Helen and Faust
At once, joy is followed,
By bitterest pain.

Euphorion *(From the depths.)*
Mother, don't leave me alone,
In the shadows' domain!
(A complete Pause. The music ends.)

Helen *(To Faust.)*
Alas, the ancient word proves true for me, as well:
That joy and beauty never lastingly unite.
Painfully, I must say: farewell,
And enter your embrace, once, and then no more.
Persephone, receive me, and this child of ours!

(She embraces Faust: her body vanishes, her dress and veil remain in his hands. Helen's garments dissolves in mist, surrounding Faust, lift him into the air, and drift away with him.)

Act IV Scene I: High Mountains ~ Scene III: The Rival Emperor's Tent

Summary: Mephistopheles tries to tempt Faust with another offer of a life filled with pleasure and glory, but Faust has another sort of project in mind — a scheme for the reclamation of land from the sea.

Mephistopheles tells Faust that a serious crisis was caused in the Empire by their earlier prank of inducing the Emperor to issue vast amounts of worthless paper money. Now the Emperor has been forced into a war to defend his throne. Mephistopheles suggests that they aid the Emperor in this war, in return for which they can ask a gift of coastal lands for Faust to experiment with.

Faust enters the royal tent and offers his assistance. The offer is accepted, the battle is fought, and the Emperor's forces are victorious. Mephistopheles and his magic play an important part in winning the victory. The Emperor rewards Faust by giving him a large strip of coastal land, most of which is under water, and which everyone considers worthless.

Act V Scene I: Open Country

The Wanderer
Yes! Here are the dusky lindens,
Standing round, in mighty age.
And here am I, returning to them,
After so long a pilgrimage!
Here's the hut that sheltered me,
When the storm-uplifted wave,
Hurled me shore-wards from the sea!
My hosts are those I would bless,
A brave, a hospitable pair,
Who if I meet them, I confess,
Must already be white haired.
Shall I call, or knock?
Greetings!

Baucis *(A little woman, very aged.)*
Gentle stranger! Quietly, quietly!
Peace! Let my husband rest!

The Wanderer
Tell me, Mother: are you that wife
To whom thanks should be given?
Are you that Baucis who tirelessly
Restored my almost-vanished breath?

(Her husband appears.)

Are you that Philemon, who bravely
Saved my wealth from watery death?
And now let me walk about,
And view the boundless ocean:
Let me kneel, and be devout:
Mind troubled with emotion.

(He walks on, over the downs.)

Philemon *(To Baucis.)*
Hurry now, and lay the table,
Underneath the garden trees.
Let him go: He'll not credit what he sees.

(He follows, and stands beside the Wanderer.)

Where wave on wave, foaming wildly,

Savagely mistreated you,
See a garden planted, widely,
See the Paradisial view.
Clever Lords set their bold servants
Digging ditches, building dikes,
To gain the mastery of ocean.

Act V Scene II: In the Little Garden

(The three of them at table.)

Baucis *(To the stranger.)*
Are you dumb? And will you lift not a morsel to your mouth?

Philemon
He wants to comprehend the gift:
Tell him, freely then: speak out.

Baucis
Well! It was a marvel, really!
It troubles me to this day.

Philemon
Not far away there, on the dunes,
The first bold step was made,
Tents, huts! — And on the downs,
A palace, quickly raised.

Baucis

For days, work rumbled on in vain:
Where the night's fires flamed,
Next day a dam would follow.
He's a godless man: he'd steal
Our hut, and our few acres.

Philemon

Yet he's offered us another
Holding, on his new-won land!

Baucis

Never trust what's built on water,
On the heights maintain your stand.

Philemon

Let's make our way to the chapel,
To watch the last glow of light,
Kneel, pray, and sound the bell,
And trust in God's ancient might!

Act V Scene III: The Palace

(Spacious pleasure-garden: a broad straight canal.
Faust in extreme old age, walking about, thoughtfully.
The little bell on the dunes rings out.)

Faust *(Startled.)*
Accursed ringing! Wounding me
With shame: a treacherous blow:
Proclaiming, with its jealous sound:
My great estate is less than fine,
The old hut, all the trees around,
The crumbling chapel, are not mine.

(Mephistopheles and the Three Mighty Warriors
disembark from a splendid boat, richly and brightly
loaded with foreign goods.)

Mephistopheles
We've proven ourselves in every way,
Pleased, if we win our patron's praise.

We took two ships when we sailed before
With twenty ships we dock, once more.

(To Faust.)
This splendid fortune you embrace
With wrinkled brow, and gloomy face!
Your servants' toil, your thought so wise,
Have won the Earth and Ocean's prize.
From here on —

Faust
— that accursed *here*!
That always brings me wretched fear,
It gives my heart sting on sting,
It's impossible for me to bear it.
I'm ashamed to even speak the thing.
The old ones up there should yield,
I want the limes as my retreat.
There, to stand and look around,
I'll build a frame from bough to bough,
My gaze revealing, under the sun,
A view of everything I've done,
A masterpiece of the human spirit.

Mephistopheles
Why bother yourself so much about them?
Shouldn't you long ago have colonised them?

Faust
Then go and push them aside for me! —
You know the land, with my approval,
Set aside for the old folks removal.

Mephistopheles
We'll take them up, and set them down.

(Mephistopheles exits, with The Three Warriors.)

Act V Scene IV: Dead of Night

Lynceus, the Warder *(Singing on the watch-tower of the palace.)*
I gaze at the far,
I stare at the near,
The moon and the star,
The forest and deer.

(Pause.)

What horror, meant to terrify,
Threatens from the firmament!
I see sparks of fire gushing
Through the lindens' double night,
Fanned by the wind's rushing,
Ever stronger grows the light.
Ah! Within, the hut is burning:
Swift help is needed, yet no aid's to hand.
Ah! The pious old couple,
Made a prey to smoke, to stifle,

On this dreadful pyre!

Faust *(On the balcony, towards the downs.)*
What whining song is that, above?
The watchman wails: yes, I'm moved:
Annoyed by this impatient deed.
But let the lime-trees be erased,
A watchtower can soon be raised,
To gaze around at boundless splendour.
From there I'll see my new creation,
One set aside for that old pair: at least,
They'll feel benign consideration,
Enjoying their last days in peace.

Mephistopheles and the Three Warriors *(Below.)*
Pardon us! We've caused you trouble.
We knocked, and knocked on the door,
But it seemed locked for evermore:
We rattled it, and shook it too,
Until the planks broke in two:
We called aloud, and threatened, then,
But there was no reply, again.
But we commenced without delay
To drive the stubborn folk away.
That pair knew scant anxiety,

They died of terror, peacefully.

A stranger, who was hiding there,

And wished to fight, we tried to scare.

But in the fast and furious bout,

From the coals that lay about,

The straw took fire. Now all three,

In that one pyre, burn merrily.

Faust

Were you deaf to what I said?

I wanted them moved, not dead.

This mindless, and savage blow,

Earns my curse: share it, and go!

Act V Scene V: Midnight

(Four Grey Women enter.)
The First
I am called Want.

The Second
 I am called Guilt.

The Third
I am called Care.

The Fourth
Necessity, I.

Three Together *(Want, Guilt and Necessity)*
The door is shut tight, and we cannot get in:
The owner is rich: he won't have us within.

Care
Sisters, you can't enter, daren't enter there.

But, through the keyhole now, always slips, Care.

(Care disappears.)

The Three
Behind us, behind us! From far, oh, from far,
He's coming, our Brother, he's coming, he's — Death.

Faust *(In the Palace.)*
I saw four: but only three went away:
I caught no meaning from the words they say.
The door creaks, yet no one is at hand.

(Anxiously.)

Is anyone there?

Care
The answer must be, yes!

Faust
And you, who then are you?

Care
I am your guest.

Faust

Be gone!

Care

I am here, in my proper place.
Though the ear choose not to hear,
In the heart I echo, clear.
Always found, and never sought.
Have you yourself not known Care?

Faust

I sped through the World that's there:
Gripped by the hair every appetite,
And let go those that failed to delight.
I've desired, achieved my course,
Desired again, and so, with force,
Stormed through life: first powerfully,
But wisely now: and thoughtfully.

Care

When of man I take possession,
Then his whole world is lessened:
Endless gloom meets his eyes,
No more suns will set or rise.

Faust

Unholy spectre! So you hand our race
To the ravages of a thousand devils:
Even transform our worthless days
To a wretched knot of entangling evils.
And yet, Care, I'll not recognize you, nor even,
That creeping power of yours, by any token.

Care

Lifelong, all you men are blind,
Now, Faust, be so to the end!

(She breathes in his face, and departs.)

Faust *(Now blind.)*

The night seems deeper all around me,
Only within me is there gleaming light:
I must finish what I've done, and hurry.
Up from your beds, you slaves!
Seize the tools: on with pick and spade!

Act V Scene VI: The Great Outer Court of the Palace

Mephistopheles *(In advance, as Overseer.)*
Come on! Come on! In here, in here!

The Spirits of the Dead *(Lemures, in Chorus.)*
Swiftly now we are on hand
With half an impression,
That it concerns a tract of land,
Of which we'll gain possession.
Pointed stakes with us appear,
Chains to measure ground on:
But why you've called us here
Is something we've forgotten.

Mephistopheles
Artistic effort's not the prize:
Carry it out in your own manner!
Lay the longest one of you lengthwise,
Then pile the turf on him, you others.
Dig out a somewhat lengthened square!

Gone from a palace to a narrow place:
It's still as stupid an end for man to face.

(The Spirits of the Dead dig with mocking gestures.)

Faust *(Comes from the Palace, groping his way past the doorposts.)*
How the clattering of shovels cheers me!
Overseer!

Mephistopheles
Here!

Faust
Report to me on progress every day,
The depth of earth and gravel dug away.

Mephistopheles *(Half-aloud.)*
Reporting it to me the word they gave,
Was not quite gravel, it was more like — grave.

Faust
Let me make room for many a million,
Not wholly secure, but free to work on.
Green fertile fields, where men and herds

May gain swift comfort from the new-made earth.
Yes, I've surrendered to this thought's insistence,
The last word Wisdom ever has to say:
He only earns his Freedom and Existence,
Who's forced to win them freshly every day.
Childhood, manhood, age's vigorous years,
Surrounded by dangers, they'll spend here.
I wish to gaze again on such a land,
Free earth: where a free race, in freedom, stand.
Then, to the Moment I'd dare say:
'Stay a while! You are so lovely!'
Through aeons, then, never to fade away
This path of mine through all that's earthly. —
Anticipating, here, its deep enjoyment,
Now I savour it, that highest moment.

(Faust sinks back, the spirits of the dead take him and lay him on the ground.)

Mephistopheles
No bliss satisfied him, no enjoyment,
And so he tried to catch at shifting forms:
The last, the worst, the emptiest of moments,
He wished to hold at last in his arms.

《Burial》

Mephistopheles
The body's here: if the spirit tries to fly,
I'll show it my blood-signed title swiftly:
Yet men have found so many methods, sadly,
To cheat the Devil of their souls, or try.
I used to work alone: today
I have to use the help extended.

(He makes fantastic, whirling conjuring gestures.)

Now quick! Redouble your paces, too,
You gentlemen, straight or twisted-horned,
And bring Hell's jaws along with you.

(The fearful jaws of Hell open on the left.)

(To the fat devils with short straight horns.)

Now, you fat-bellied rascals with fiery cheeks!
Watch below, for any glow of phosphor:
That's the soul, Psyche with the wings,
Pluck them off and she's a nasty worm:
I'll stamp her with my signature, first thing,

Then off with her to the whirling fiery storm!

(To the lean devils with long crooked horns.)

Grasp at the air: grant yourselves no rest!
Your strong arms and sharp-clawed features,
Are sure to hold the fluttering fugitive fast.

(Glory from above, on the right.)

The Heavenly Host
Messengers follow
Heavenly kin, oh,
In leisurely flight:
Sin they forgive,
Dust they make live.

Mephistopheles
These dandies come, the hypocrites:
They've snatched a heap of souls away,
Use our own weapons too to do it.

The Choir of Angels *(Scattering roses.)*
Roses, you dazzling ones,
Balsam you're sending us,

Floating and trembling,
Secretly quickening,
Buds sweetly firing us,
Hasten to bloom!
Carry the sleeper
To Paradise' room.

Mephistopheles *(To the devils.)*
Why duck and dive? Is that Hell's custom?
Stand still, and let them do their scattering.
(He beats at the hovering roses.)
Will-o'-the wisps, be gone!
Why'd you keep fluttering here? Buzz off! —
They stick like tar and sulphur: filthy stuff.

The Choir of Angels
What is not part of you,
You need not share it:
Should it close in, with force,
We will deflect its course.
Only the loving, Love
Guides to its source!

Mephistopheles
My head and heart are burnt: my liver's burnt,

By a devilish element!
Sharper than the fires of Hell!
Has an alien force pierced me through and through?
These airy fellows that I hate,
How lovely to me now they all appear! —
You're so nice I'd like to kiss you.
Oh, come nearer: Oh, only glance at me!

The Angels
We're here already, why so cautiously?
We are close, and, if you can, then stay!
(The Angels come forward and occupy the whole space.)

Mephistopheles *(Crowded into the proscenium.)*
Is this Love's own element?
My whole body's bathed in fire,
I scarcely feel, my head's so burnt.

The Choir of Angels
Gather together,
Rise now, and praise!
Spirit can breathe here,
In purer waves!

(They rise, carrying away the immortal part of Faust.)

Mephistopheles *(Looking round him.)*
How then? — Where did they vanish to?
They've stolen a great, a unique treasure:
That noble soul, mortgaged to my pleasure,
They've snatched it away, with cunning even.

Act V Scene VII: Mountain Gorges, Forest, Rock, Desert

The Angels *(Soaring in the highest atmosphere, carrying the immortal part of Faust.)*
He's escaped, this noble member
Of the spirit world, from evil,
Whoever strives, in his endeavour,
We can rescue from the devil.

The Younger Angels
Every rose from the hands
Of those penitents, loving, holy,
Helped us win the victory.

Sacred Young Boys
Joyfully we receive
Him as a chrysalis.
Let all the threads be lost
That now surround him!
He is already blessed,
Divine Love has found him.

Doctor Marianus *(The transformed Faust: in the highest purest cell.)*
There women moving
Drifting on upwards.
The splendour I see within
Garlands of stars,
There, all the Heavens' Queen
Shines from afar.

Such light cloud fragments
Wind all around her,
They are the penitents,
Women so tender,
All around her knees,
Breathing the air, free,
Desiring her mercy.

(The Mater Gloriosa soars into space.)

Choir of Female Penitents
You soar, on high, now,
Towards the eternal realm,
Hear our pleading, though,
Oh, merciful one!

A Penitent, Formerly Named Gretchen *(Stealing closer.)*
Oh, bow down,
You peerless one,
Your face, in mercy, towards my bane!
My true beloved,
No longer clouded,
Returns to me again.
Allow me to teach him, here,
The new light still blinds him so.

The Mater Gloriosa
Come! Rise towards the higher spheres!
Gaining awareness of you, he will follow.

The Mystic Choir
All of the transient,
Is parable, only:
The insufficient,
Here, grows to reality:
The indescribable,
Here, is done:
Woman, eternal,
Beckons us on.

파우스트

FAUST

시간 끌 것 없다!
그런 순간이 온다면 이렇게 말하겠다.
"아, 잠시만 멈추어라! 너 정말 아름답구나!"
그러면 나를 네 손아귀에 움켜쥐어도 좋다.
그러면, 나는 기쁜 마음으로 파멸의 길을 가겠다.

▌작품 소개

「파우스트」는 독일의 작가 괴테가 1773년에 집필을 시작하여 1831년에 완성한 희곡으로, 자신의 전 생애를 바쳐 쓴 작품이다. 독일의 실존인물 '파우스트 박사'의 전설에서 영감을 얻었으며 신과 악마 사이에서 방황하는 한 인간의 내면을 그렸다.

학문적 한계에 다다른 노학자 파우스트는 회의를 느끼고 목숨을 끊으려 한다. 이때 나타난 악마 메피스토펠레스는 파우스트의 영혼과 쾌락적 삶을 교환하는 계약을 맺는다. 젊음을 되찾은 파우스트는 마르가레테를 만나 사랑에 빠진다. 그러나 악마의 계략으로 그녀를 잃게 된다. 그 뒤 독일로 건너간 파우스트는 황제의 궁정에서 그리스의 전설 헬레나를 만나 결혼을 하고 유포리온 (아들)을 낳는다. 하지만 일찍이 아들을 잃고 이 슬픔으로 인해 헬레나도 사라진다.

악마 메피스토펠레스의 유혹을 거절한 파우스트는 황제에게 하사받은 땅을 개발하는데 매달린다. 그 사이 파우스트는 시력을 잃는 시련을 맞이한다. 이 시련은 그의 심안이 깊어지는 계기가 되며 마음의 눈으로 미래의 낙원을 그리며 숨을 거둔다. 파우스트의 죽음으로 악마는 자신의 승리를 확신하지만 천사들의 도움을 받아 천상으로 간 파우스트의 영혼은 천사 마르가레테를 만나게 되고 그녀의 진실한 사랑으로 구원을 받는다.

■ 등장인물

■ **파우스트** 소설의 주인공. 학문적 한계에 회의를 느끼고 목숨을 끊으려고 하던 차에 악마의 꾐에 빠져 쾌락의 삶을 좇는다. 완전성을 추구하고 불가능에 절망하는 모순된 인간이다.

■ **메피스토펠레스** 본능만으로 현세를 살아가려는 파괴적인 존재로 파우스트를 유혹한다. 악마도 신의 도구에 불과하다는 사실을 깨닫지 못하고 파우스트를 파멸시키려고 한다.

■ **마르가레테(그레트헨)** 순수하고 깨끗한 영혼을 지닌 인물로 파우스트를 헌신적으로 사랑한다. 악마에게 이용당해 사랑을 잃고 죽음을 맞이하지만 신성한 순수함으로 하늘의 구원을 받게 된다.

■ **헬레나** 그리스 신화에 등장하는 스파르타의 왕비. 파우스트와 결혼하여 그의 아이를 낳는다. 그러나 일찍이 아들(유포리온)을 잃고 그 슬픔으로 뒤따라 죽음을 맞이한다.

Faust

제1부

무대에서의 서막

(연출가, 극작가, 희극배우)

연출가
자네 둘은 어려운 시기나, 곤란한 일이 터졌을 때
나와 함께 있었던 적이 많으니,
말해 보게, 이번에 우리가 독일에서
벌이는 일은 어떤 성과를 거두겠나?
사람들이 재미있어 하면 좋겠는데.
내가 보고 싶은 것은 흥에 겨운 사람들이 말이야,
대낮부터 벌써들 몰려와서는,
매표소에 닿을 때까지 서로 밀어대어,
마치 쫄쫄 굶은 사람들이 빵가게에 간 것처럼,
표 한 장을 구하려고 목이 부러질 지경이 되는 거야!
온갖 부류의 인간을 상대로 이런 기적을 행하는 건,
오직 시인들뿐이지. 자네를 위한 날이네, 친구!

극작가
아, 그 잡다한 군상들에 대한 얘기는 하지 마시오.
그들을 쳐다보기만 해도 영감이 퇴색되나니.

8

사람을 현혹시키는 것은 덧없는 짓이라오.
진실한 것만이 후세에도 온전하게 전해지리니.

희극 배우
나한테 후세에 대한 얘기는 하지 마시오!
내가 후세에 대해서만 계속 지껄인다면
사람들이 세속적인 재미를 어디서 얻겠소?

연출가
무엇보다도 사건이 잔뜩 일어나도록 하게!
사람들은 구경하러 오는 것이고, 눈을 떼지 못하길 바라지.
많은 이들을 움직이려면 대량으로 퍼붓는 수밖에,
각자 알아서 자신이 필요로 하는 부분만 골라잡을 테고,
그러면 모두들 만족스럽게 집으로 돌아가는 거야.
작품 한 편을 내어놓을 때, 세편(細片)으로 쪼개서 내어놓게!
그런 잡탕이라면 성공은 따 놓은 당상이지.

극작가
그런 일이 얼마나 나쁜지 모르는군요!
진정한 창작인에게 얼마나 어울리지 않는 짓인지!
가시오, 오늘 밤에라도 다른 삼류 작가를 찾아보시구려!
시인이 가진 최고의 권리를 내팽개치라니,
자연이 선사해 준 인간으로서의 권리를,
아무렇지도 않게, 당신 좋으라고 그러라니!
앞으로 사람들의 마음을 어떻게 움직여야 한답니까?

존재를 이루는 모든 요소들이 정해진 음조도 없이 섞여서,
차마 듣기 힘든 불협화음으로 삐걱거리고 쨍그랑거릴 때 —
누가 하나로 이어진 삼라만상을 구분하고,
이리저리 뒤섞어서, 운율을 맞추겠소?
그것은 시인이 밝혀낸 인간의 힘이지요.

희극 배우
그럼 그 좋은 힘을 써서,
시를 줄줄 뽑아내어서,
사랑에 질질 끌려다니는 우리 모습을 보여 주오.
우연히 만나고, 느끼고, 머물고,
조금씩 조금씩 서로에게 강하게 엮이지요.
행복이 커져 가다가, 그 다음에는 멀어져 버리고,
정열적으로 타오르다가, 그 다음에는 슬픔이 찾아오고,
미처 깨닫기도 전에 소설이 한 권 나오는 거요!
우리도 그런 작품 한 번 올려 봅시다!
연출가
지금으로선 얘기는 그 정도로 충분하니,
이제 행동으로 보여 주게나.

천국에서의 서막

(하느님, 천사의 무리, 그 뒤에 메피스토펠레스)

(대천사 셋이 앞으로 나온다.)

라파엘
태양이 옛날 옛적부터 해온 대로
형제 별들 사이에서 노래하면서,
이미 정해진 자기 길을 마무리하노라면,
우리 귀에는 천둥과 같은 소리가 들려온다.
그 모습에 천사들은 힘을 얻나니,
아무도 그 길을 이해하지 못할지라도.

대천사 셋이 함께
그 모습에 천사들은 힘을 얻나니
아무도 그 길을 이해하지 못할지라도.

메피스토펠레스
오, 주님, 다시금 저를 이렇게 가까이 대하시며,
저 아래 세상은 어찌 돌아가는지 묻고자 하시는데,

대개는 거리낌 없이 저를 맞아 주시니,
저도 이렇게 이 기분 나쁜 무리들 사이에 끼어 있습니다.
용서하십시오. 저는 고상하게 말할 줄 모르니까요.
제 입에서 태양이니 세상이니 하는 말은 못 들으실 겁니다.
제 눈에는 인간들이 자기 스스로를 괴롭히는 꼴만 보입니다.
인간들이 인생을 좀 더 소중히 여길 수도 있었지요, 그랬을 겁니
다.
주님이 인간들에게 천상의 빛 한 줄기를 내려 주지 않았더라면
말이죠.
인간들은 그걸 이성이라고 부르고, 그걸 써서 고작 한다는 짓이,
그 어떤 짐승보다 더 짐승처럼 구는 게 전부랍니다.

하느님
너는 언제나 불평만 하려고 이곳에 오느냐?
세상에는 제대로 돌아가는 일이 하나도 없다더냐?

메피스토펠레스
네, 주님! 항상 그랬지만, 더 이상 나쁠 수가 없을 지경입니다.

하느님
너는 파우스트를 아느냐?

메피스토펠레스
그 박사 말씀입니까?

하느님

그에 앞서, 나의 종이니라!

메피스토펠레스

진짜 그렇지요! 독특한 방식으로 주님을 섬기긴 하더군요.

그 멍청이의 저녁 식탁엔 속세의 먹고 마시는 것이 없더이다.

그 자의 영혼은 밖으로만 뻗어 나가는데, 그것도 아주 멀리,

본인도 그 미친 질주를 어렴풋이 의식하고 있지요.

하늘에서는 가장 밝은 별을 얻으려 하고,

땅에서는 환희의 절정만 맛보려 하니,

가까운 것이건 먼 것이건 그 어느 것도

그 자의 터질 듯이 뛰는 심장을 진정시키지는 못하지요.

하느님

비록 나를 어떻게 섬겨야 하는지 혼란을 겪고 있으나,

내 머지않아 보다 선명한 여명으로 그를 인도할 것이다.

메피스토펠레스

뭘 거시겠습니까? 제가 그 자를 가질 수도 있는데!

먼지 주님민 허럭하신다면,

제가 마련한 길로 그 자를 유유히 이끌어 보겠나이다.

하느님

그가 속세에 살아 있는 동안,

그동안은 그것을 금하지 않으리니,

인간은 노력하는 동안에는 헤매기 마련이니라.

메피스토펠레스
감사합니다. 죽은 놈들 사이에서 시간을 보내는 게
저에게 잘 맞는다고 느낀 적이 한 번도 없답니다.
생기가 도는 얼굴 쪽이 훨씬 더 좋거든요.

하느님
좋다. 필요했던 일인데 네가 얘기하였구나!
그의 영혼이 자신의 근원에서 벗어나도록 해 보아라.
너는 그가 덫에 걸리도록 하는 법도, 그를 이끌어
타락의 길로 데려가는 법도 잘 알고 있을 것이다.
그러다가 때가 되면, 너는 놀라서 우두커니 서 있게 되리라.
선량한 인간은 아무리 어두운 열망에 사로잡혀도
무엇이 선한 길인지 알고 있느니.

메피스토펠레스
좋습니다! 기다릴 것도 없습니다.
이 내기에 이길 공산이 크다고 보거든요.

1장: 밤

(천장이 높고 아치형인 고딕 양식의 방, 파우스트가 책상 앞 의자
에 불안하게 앉아 있다.)

아! 이제 철학도 마쳤고,
법학과 의학도 끝났고,
애석하게도 신학까지 다 마치고 말았구나.
그런데 그전보다 더 현명해진 것도 아니야!
나는 어떠한 회의나 윤리적 고민에도 시달리지 않고,
지옥이나 악마도 두려워하지 않지만 —
그 대신 모든 즐거움을 송두리째 빼앗기고 말았으니,
학식이 풍부하다고 무슨 가치가 있는지 모르겠고,
게다가 재산도, 돈도 없고,
세속적인 명예도, 영광도 없으니,
개라도 이런 삶은 미디할 테지!
아아! 이 감옥에 계속 머물러야만 하는가?
벽돌로 둘러싸인 공허하고 침침한 이 공간,
하늘에서 내려오는 아름다운 빛조차
스테인드글라스를 통해 흐릿하게만 비치는구나.

내게 뭐라고 말하는 거냐, 멀겋게 이빨을 드러낸 해골아?
그런데 왜 자꾸 저곳으로 눈길이 가는 건지,
저기 저 플라스크가 내 시선을 끌어당기는 것인가?
잘 있었느냐, 희귀한 약을 품은 병이여,
경건한 마음으로 너를 들어서 내리노라.
죽음의 힘을 지닌 정제된 진액이여,
너의 주인에게 네 실력을 전부 보여 다오!
이리 오너라, 투명한 크리스털 잔이여!
어떤 인간이라도 쓰러뜨릴 액이 여기 있다.
너의 텅 빈 공간을 갈색 액체가 채우는구나.
내가 마련해 둔 것을, 이제 내가 선택하여,
결국 내가 마시나니, 내 영혼을 다 바쳐서
이 새벽을 향해 큰 소리로 축하의 인사를 건네노라!

(잔을 입에 가져다 댄다.)

(종이 울리고 합창 소리가 들린다.)

천사들의 합창
그리스도 부활하셨네!
우리 가운데, 기쁨을 누릴 자,
그는 치명적이고,
대물림 된 간악한
죄에서 풀려난 자.

파우스트

깊은 울림이 있는 노랫소리, 빛나는 이 소리,
내 손에서 강하게 잔을 쳐내는 이 소리는 무엇인가?

여자들의 합창

순수한 향료를
그의 몸에 발랐어요.
그의 충실한 신자인 우리들
우리가 그를 무덤에 눕혔지요.
아! 이제 그리스도는 여기에
계시지 않는 걸 알았어요.

천사들의 합창

그리스도 부활하셨네!
기쁨이 가득하시며 사랑 받는 분,
비탄과 시련에서 벗어나서
치유되셨다네.
시험을 이겨 내셨다네.

파우스트

힘차면서 부드러운 천상의 소리여,
어찌하여 먼지 속, 이곳으로 나를 찾아오는가?
나 어릴 때 들어서 아는 노래인데,
다시 한 번 나를 살도록 하는구나.
추억이 불러일으킨 어린아이의 감정들이, 실로,

음울한 최후의 길을 가려는 나를 붙잡는구나.
아, 그대 달콤한 천국의 노래여 계속 울려라!
내 눈에선 눈물이 흐르고, 나는 다시 이 땅에 속하노라!

.

2장: 성문 앞

(온갖 부류의 행인들이 보인다.)

(파우스트와 바그너)

파우스트
강과 시내가 얼음에서 자유로이 풀려나니,
봄이 달콤한 소생의 눈길을 보낸 덕이구나.
돌아서서, 이 산의 높이에서
아래를 내려다보게. 시내가 보이는 쪽으로.
저 동굴처럼 어두운 문을
형형색색의 사람들이 통과하고 있지.
모두들 오늘은 햇볕도 쬐고,
부활하신 주를 찬양하겠지.

바그너
선생님, 선생님과 함께 산책하는 것은
저에게 영광스럽고 귀한 일입니다.
정말 저 혼자서는 이곳에 올 일이 없지요.
저는 모든 조악한 것이 경멸스러우니 말입니다.

바이올린이 끽끽거리고, 나인핀스의 핀은 날아다니고,
저에게는 모두 끔찍한 소음일 뿐이랍니다.
뭘 그렇게 열심히 보십니까?

파우스트
저기 곡식과 그루터기 사이로 검둥개가 뛰는 게 보이나?

바그너
아까부터 봤습니다. 불쌍한 놈인 것 같군요.

파우스트
저 개가 커다랗게 나선 모양을 그리며
여기 우리 주위를 돌면서, 계속 조금씩 가까워지는 걸 알아챘나?
게다가 내 눈이 정확하다면, 불길의 소용돌이가
지나가는 저 놈 뒤에서 이리저리 꿈틀거리는 게 보이는군.

바그너
아마 착각하신 것 같습니다.
제 눈에는 그냥 검은 개만 한 마리 보이는 걸요.

파우스트
내가 보기에는 저놈이 교묘한 마법을 부려서
치명적인 매듭으로 우리 발을 옭아매려는 것 같아.
원이 점점 작아지는군. 이제 가까이 왔어!

바그너
그냥 개일 뿐, 귀신은 보이지 않습니다!
불안하게 짖으며, 바닥에 드러눕기도 하고, 엎드려서 기었다가,
꼬리를 흔드는군요. 역시 개의 일반적인 습성일 뿐이네요.

파우스트
자네 말이 맞네. 내 눈에도
귀신 따위는 보이지 않는군.

3장: 서재

(파우스트, 개를 데리고 등장한다.)

파우스트
방금 떠나온 들판과 초원은
깊은 밤에 뒤덮였고,
불길한 예감이 가득한 성스러운 외경심이
내 안에서 보다 나은 영혼을 일깨운다.
사나운 갈망도 더 이상은
온갖 불안정한 행위를 들쑤시지 않는구나.
인류에 대한 사랑이 이곳에 있고,
거룩한 신의 사랑이 이곳에 있다.

조용히 해라, 검둥개야! 왔다갔다 뛰어다니지 마라!
그런데 지금 내가 보는 게 무엇인가!
이것은 환영인가, 아니면 현실인가?
저 개가 점점 커지고 길어지는구나.
개의 형상은 더 이상 보이지 않아!
내가 저런 요괴를 집으로 데려온 것인가!
아! 이제 네가 무엇인지 확실하게 알겠구나!

너 같이 지옥의 피가 섞인 종족을 불러내기에는
솔로몬의 열쇠가 안성맞춤일 것이다.

저것이 이 방을 가득 채우는구나.
안개처럼 사라질 심산인 걸 알겠군.
천장으로 올라가지 마라!
네 주인의 발아래 납작 엎드려라!
가벼운 위협이 아니라는 게 너도 보이겠지.
성스러운 불길로 너를 찔러 버리겠다!

*(안개가 걷히면서, 유랑하는 학생처럼 차려입은 메피스토펠레스
가 난로 뒤쪽에서 걸어 나온다.)*

메피스토펠레스
왜 그렇게 난리십니까?

파우스트
이것이 그 개의 알맹이였구나!
유랑하는 학생이라? 웃기는 일이다.

메피스토펠레스
박학하신 주인께 머리 숙여 인사드립니다.

파우스트
넌 무엇이냐?

메피스토펠레스

언제나 악을 바라는데, 언제나 선을 이룩하는
힘의 일부분이지요.

파우스트

너는 스스로를 일부분이라고 말하지만, 내 눈에는 전체처럼 보
이는데?

메피스토펠레스

사실대로 말하는 겁니다. 겸손하게 말이죠.
인간이 자신의 조그만 세계를 전체라고
생각하는 데 익숙하다고 해도, 그건 오해일 뿐이지요.
저는 한때는 모든 것이었던 부분의 일부분입니다.
빛을 만들어 내는 어둠의 일부분이지요.
이만 가 봐도 되겠습니까?

파우스트

악마를 붙잡았다면 단단히 잡고 있어야지!
두 번째는 그렇게 잡히지 않을 터이니.

메피스토펠레스

당신이 원한다면, 저도 기꺼이
여기 함께 있어 드리지요.
같이 시간을 보내면서, 꼭,
제가 가진 기술들만 쓰겠다면 말입니다.

파우스트

좋지, 네가 가진 것들을 마음껏 선보여 보아라.

다만 그것들이 전부 재미있어야 할 것이야.

메피스토펠레스

자, 별다른 준비는 필요 없고,

우리 모두 여기 있으니, 시작해 보자!

(정령들이 목가적인 노래를 부르자, 파우스트는 잠에 빠져든다.)

메피스토펠레스

파우스트, 다시 만날 때까지 깊은 꿈이나 꾸려무나.

파우스트 *(깨어나며)*

내가 속은 것인가?

정령의 영역을 향한 깊은 열망이 퇴색하면서,

그저 악마가 등장하는 꿈을 꾸었을 뿐,

그냥 평범한 개였는데, 달아난 것인가?

4장: 서재

(파우스트, 메피스토펠레스)

파우스트
노크 소리인가? 들어오시오! 누가 또 나를 괴롭히는 거지?

메피스토펠레스
접니다.

파우스트
들어오시오!

메피스토펠레스
그러려면 세 번 말해 주셔야 합니다.

파우스트
그래! 들어와요!

메피스토펠레스
아, 이제 당신이 마음에 드는군요.

우리가 서로 잘 지냈으면 좋겠어요.
우중충한 날씨 따위는 털어 버리려고
젊은 귀족처럼 차려입었습니다.
그리고 당신에게도 권하는데,
한 마디로 말해서 저처럼 하시지요.
그렇게 해서, 얽매인 데 없이 자유롭게,
인생을 경험해 보는 겁니다. 나와 같이.

파우스트

이승에서의 인생이란, 그 좁은 한계 탓에
괴로울 따름이니, 내가 어떤 옷차림을 하건,
돌아다니며 놀기에는 너무 늙었고,
열정을 잃어버리기엔 아직 너무 젊구나.
이 세상이 새삼 내게 줄 수 있는 게 무엇이더냐?

메피스토펠레스

'위대한 존재들' 중에서 저는 서열상 두 번째이지요.
하지만 만약에 당신이 저와 함께
인생의 길을 한 번 가보겠다고 한다면,
저는 기꺼이 몸을 낮추어서,
가는 길 내내 당신을 섬기겠습니다.
나는 당신의 종, 당신 소유입니다.

파우스트

그 대가로 나는 뭘 해야 하느냐?

메피스토펠레스
여기서는 제가 당신의 종이 될 테니,
우리가 저쪽 세상에서 다시 만나면
당신이 저에게 똑같이 해 주시는 겁니다.

파우스트
난 '저쪽 세상'은 크게 신경 쓰지 않는다.

메피스토펠레스
그렇다면, 모든 것을 걸 수도 있겠네요.
결단을 내리세요. 바로 오늘부터 당신은
제 기술들을 즐겁게 구경하시는 겁니다.
그 어떤 인간도 본 적이 없는 걸 보여 드리지요.

파우스트
네가 사탕발림으로 나를 속여서,
내가 나 자신에게 기쁨이 된다면,
네가 굉장한 즐거움으로 나를 낚는다면 —
그것이 내 인생의 마지막 날이 되리라!
그렇게 내기를 걸겠다!

메피스토펠레스
좋습니다!

파우스트

시간 끌 것 없다!

그런 순간이 온다면 이렇게 말하겠다.

"아, 잠시만 머무르라! 너 정말 아름답구나!"

그러면 나를 네 손아귀에 움켜쥐어도 좋다.

그러면, 나는 기쁜 마음으로 파멸의 길을 가겠다.

메피스토펠레스

정해진 목표나 한계 따위는 없습니다.

내키는 대로 행동하고, 이것저것 맛보고,

온갖 걸 즐기세요. 닥치는 대로 뭐든지.

파우스트

우리가 찾아가려는 건 즐거움이 아니야.

광란과 고통으로 채워진 환희,

애증, 생기를 불어넣는 절망을 느끼고 싶다.

알고 싶다는 욕구가 사라져 버린 내 마음,

앞으로는 어떠한 고통으로부터도 숨지 않을 것이며,

인간이라면 누구나 겪는 것들을,

나의 가장 깊숙한 내면으로 빈아들일 작정이나.

자, 어떻게 시작하면 되는 것이냐?

메피스토펠레스

먼저 이곳을 벗어나야지요.

이 무슨 대단한 순교자의 은둔처랍니까?

어린 학생들에게 지루함만 채워 주는데
무슨 대단한 인생의 스승이랍니까?
안 그래도 학생 하나가 오는 소리가 들리는군요!

파우스트
그렇지만 만나고 싶은 마음이 들지 않는구나.

메피스토펠레스
저 불쌍한 젊은이는 몇 시간이나 당신을 기다렸지요.
다독거려 주지 않으면 가지 않을 겁니다.
자, 자, 당신의 모자와 가운을 이리 줘 보세요.

(변장을 한다.)

딱 15분만 상대해 줄 생각입니다.
그러는 사이에 떠날 채비를 하시지요!

(파우스트 퇴장한다.)

메피스토펠레스 *(파우스트의 긴 가운을 입고 있다.)*
저 놈을 거친 인생 속으로, 무의미함과
천박함의 한가운데로 끌어들여야겠다.
설사 그가 그쯤 되면 악마의 소유가 아니라 해도,
별 수 없이 망가지고 말 거야!

(한 학생이 들어온다.)

학생
저는 여기 온 지 얼마 되지 않았는데,
겸허한 자세로 이렇게 찾아오게 된 것은
경외의 대상으로 사람들 사이에 회자되는 분을
직접 만나 뵙고, 말씀도 나누고자 함입니다.

메피스토펠레스
자네의 정중함에 굉장히 기분이 좋군그래!

학생
제발 저를 제자로 받아 주시기를 간청 드립니다!
저희 어머니는 제가 멀리 떠나는 걸 바라지 않으셨지만
저는 마땅히 알아야 할 것들을 배우고 싶습니다.

메피스토펠레스
그렇다면 자네는 확실히, 올바로 찾아온 거네.

학생
솔직히 말씀드리면, 벌써 여길 떠나고 싶어진답니다.
이 답답한 벽들과 이런 방들은
전혀 제 마음에 들지 않습니다.
공간은 협소하기만 하고,
나무 한 그루, 풀 한 포기 찾아볼 수가 없고,

강의 시간에 벤치에 앉아서는
아무 생각도 할 수가 없고, 감각까지 흐려집니다.

메피스토펠레스
자꾸 하다 보면 좋아질 걸세.
아기도 제 어미의 젖을 먹을 때
처음에는 마지못해 물지만, 이내
맛있게 쭉쭉 빨아먹게 되지.
자네도 여기, 지혜의 가슴에서 그럴 걸세.
매일 조금씩 열의가 커지는 것을 느끼게 될 거야.

학생
저는 기쁜 마음으로 그녀의 목에 매달릴 겁니다.
다만, 그녀를 어떻게 찾아야 하는지 말씀해 주십시오.

메피스토펠레스
그렇다면 이곳에 자네를 위한 길이 있네만,
엉뚱하게 헤매지 않도록 자신을 단속하게.
시간을 잘 활용해야만 해. 순식간에 덧없이 흘러가 버리거든.
하지만 규율을 익히면 시간을 버는 법을 배우게 되지.
친애하는 벗이여, 내 충고를 정리하자면,
제일 먼저 논리학을 공부하게.
그러면 자네의 정신이 단련될 걸세.
꽉 조여 주는 스페인식 장화처럼 말이지.
그렇게 여러 날을 지내고 나면,

배운 적 없이도 얼렁뚱땅 잘 해왔던 일들,
예를 들자면 먹거나 마시는 일에도
하나! 둘! 셋! 단계가 필요하다는 걸 알게 될 거야.

학생
무슨 말씀인지 잘 이해가 안 되는 것 같습니다.

메피스토펠레스
그냥 아무 학부나 하나 골라 보게!

학생
신학으로 거의 마음을 정했습니다.

메피스토펠레스
자네를 잘못된 방향으로 인도하고 싶진 않네.
그 분야의 학문이 다루는 영역에서는
틀린 길을 피하기가 아주 어렵다네.
배울 내용에 너무 많은 독이 숨어 있는데,
그것은 약이 되는 것과 거의 구별이 되지 않는단 말이야.
여기서 가장 좋은 방법은 하나만 선택하는 거지.
그런 뒤에 스승의 목소리를 맹신하기만 하면 된다네.
대체적으로 봐서, 단어에 단단히 집착하게!
그러면 자네는 가장 안전한 문을 통과해서
확신의 신전에 들어갈 수 있다네.

학생
의학이라는 학문에 관해서는
도움이 될 만한 말씀이 없을까요?

메피스토펠레스 *(방백)*
시들해진 이런 농담에는 질려 버렸어.
당장 악마답게 굴어야지 안 되겠군.

(큰소리로)

의학의 정신을 파악하기란 아주 쉬운 일이지.
크고 작은 세계를 공부하고 나서,
마지막에 가서는 그저 신의 뜻대로
일이 흘러가도록 두는 거야.
학문을 위해 이리저리 돌아다녀 봤자 아무 소용이 없지.
누구나 자기 그릇만큼만 배울 뿐이거든.
중요한 순간을 확 움켜쥐는 자,
그가 바로 제대로 된 인간인 거야.
자네는 체격도 꽤나 그럴듯하고,
배짱이 부족한 것도 아니니,
스스로에게 좀 관대하게 굴면
남들도 자네에게 관대해질 거야.
공부를 하되, 특히 여자들의 행동에 대해 공부하게.
여자들의 끝없는 아픔과 고통은,
천 배로 더 늘어난다 해도 전부

한 점에서 시작된 것이니, 한 가지 치료법이 있지.
맥을 짚을 땐 단단히 쥐어야 해, 무슨 말인지 알 거야.
그 다음에는 뜨거운 시선을 곁눈으로 흘긋 던지면서
얼른 그 날씬한 엉덩이를 꽉 붙잡는 거야.
코르셋은 잘 조였는지 알아보기 위해서 말이지.

학생
그 말씀은 훨씬 듣기 좋군요! 어디를 어떻게 해야 할지 알겠습니다.

메피스토펠레스
친구여, 모든 이론은 회색이야.
인생의 황금빛 나무만이 녹색이지.

학생
맹세코 저에겐 꿈처럼 느껴지는군요.
다음에 언제, 선생님께 폐를 끼쳐서
그 숭고한 지혜의 말씀을 자세히 들을 수 있겠습니까?
메피스토펠레스
내기 할 수 있는 힌도 내에서 기꺼이 실명해 주지.

학생
차마 발길이 떨어지지 않는군요.
제 서명첩을 건네 드릴 테니, 선생님,
호의를 베푸시어 선생님의 서명을 해 주십시오!

메피스토펠레스
그러지 뭐.

(*그는 뭐라고 쓰고 서명첩을 다시 돌려준다.*)

학생 (*메피스토펠레스가 쓴 '너희는 신과 같이 되어, 선과 악을 알게 되리라'라는 뜻의 라틴어를 읽는다.*)
에리티스 씨굿 데우스, 스키엔테스 보눔 엣 말룸.

(*머리 숙여 인사하고, 나간다.*)

메피스토펠레스
그냥 그 오랜 말씀과 내 어머니이신 뱀을 따르라.
그러다보면 그대가 신과 닮아 있음에 분명 식겁하리라!

(*파우스트가 들어온다.*)

파우스트
우리는 어디로 가는 것이냐?

메피스토펠레스
당신이 좋은 데로 가시지요.
작은 세상을 먼저 보고, 그 다음에 큰 세상을 볼 겁니다.
정말 유익하고 즐겁게,
이 기간 동안 당신은 그냥 누리기만 하세요!

파우스트

그럼 이곳을 어떻게 떠날 것이냐?

하인도, 마차도, 말도 보이지 않는구나.

메피스토펠레스

그저 이 망토를 넓게 펼치기만 하면,

공기를 가르며 우리가 가야할 곳으로 가게 된답니다.

당신의 새로운 인생을 축하합니다!

5장: 라이프치히에 있는 아우어바흐 지하 주점

(여러 친구들이 즐겁게 술을 마시고 있다.)

프로슈
아무도 웃는 놈이 없잖아? 술 안 마시는 거야?
오늘은 모두 젖은 지푸라기 같구나.

브란더
너 때문이야. 네가 아무것도 안 보여 주니까.
바보짓도 안 하고, 더러운 짓도 안 하고, 아무것도 안 하잖아.

프로슈 *(와인 한 잔을 브란더의 머리 위에 부으며.)*
둘 다 보여주마!

브란더
이 빌어먹을 돼지 같은 놈이!

지벨
싸울 놈은 바깥으로! 당장 나가!
가슴이 뛰는 노래나 같이 부르자, 들이키고 소리쳐!

일어나라! 야호! 호!

알트마이어
아! 괴로워!
여기 귀마개 좀! 이 자식 때문에 귀가 먹겠어.

지벨
탑 안이 쩌렁쩌렁 울리도록 할 때만
저음의 진정한 힘을 느낄 수 있지.

프로슈
맞아, 기분 나쁜 놈은 꺼져 버려!
아! 도, 레, 미!

알트마이어
오! 도, 레, 미!

(파우스트와 메피스토펠레스가 등장한다.)

메피스토펠레스
제일 먼저, 여기부터 들러야 했지요.
팔팔한 친구들이 같이 술을 마시고 있으니
인생이 얼마나 행복하게 흘러가는지 한번 보십시오.
이 친구들에겐 매일매일이 축제랍니다.
악마의 존재도 느끼지 못하는 친구들이지요. 심지어,

악마가 자기 목을 잡아 대롱대롱 매단다고 해도 말이에요.

파우스트
안녕들 하시오!

지벨
덕분에요. 반갑습니다.

(메피스토펠레스를 옆에서 유심히 살피며 중얼거린다.)

저 치는 한쪽 발에 무슨 문제가 있는 거야, 왜 절름거리지?

메피스토펠레스
괜찮다면 여러분과 같이 앉고 싶군요.
좋은 술은 없을 게 분명하지만 대신에
재미있는 분들과 어울릴 수는 있을 테지요.

프로슈
리파흐에서 늦게 출발했나 봐요?
거기서 한스랑 식사부터 하고 온 모양이죠?

메피스토펠레스
오늘은 잠시도 쉬지 않고 곧장 지나쳐 왔지요!
일전에 그를 만나서 얘기를 나눴는데,
자기 사촌들 얘기를 많이 하더군요.

그리고 사촌들 모두에게 인사 전해 달라고 합디다.

(프로슈에게 절한다.)

알트마이어 (작은 소리로)
네가 한방 먹었어! 약은 놈인걸!

프로슈
기다려봐. 금방 놈을 눌러 놓을 거야. 자신 있다고!

메피스토펠레스
내가 잘못 들은 게 아니라면,
흥겨운 합창 소리가 들리던데요?

프로슈
혹시 음악계의 거장이신가?

메피스토펠레스
아니오! 잘 하고 싶은 마음이야 꿀떡 같지만, 실력은 그저 그런
정도지요.

알트마이어
노래 한 곡 뽑아 보시오!

메피스토펠레스

그러길 원한다면, 조금만 하지요.

(노래한다.)

"옛날에 어떤 왕이 살았는데, 그에겐
거대한 벼룩이 한 마리 있었더란다.
왕은 그 벼룩을 너무 사랑해서, 아,
벼룩을 아들처럼 여겼다나봐.
그 왕이 자기 재단사를 불러서,
재단사 냉큼 대령했더래.
자, 이 아이의 치수를 재어
옷을 한 벌 대령하렷다!

온통 비단과 벨벳으로
벼룩이 옷을 쫙 빼입었는데,
상의에는 리본이 주렁주렁,
가슴팍엔 십자가 하나.
그는 대신 중에 으뜸이어서
별도 하나 달고 있었지.
자기 형제자매들도 모두
엄청나게 고귀한 신분들로 만들었다네.

높은 어르신과 마나님들은
사정없이 공격을 당했지.

왕비와 그분의 시녀들도
찔리고 물리고.
그래도 벼룩들을 뭉개지도 못하고,
긁지도 못했다네, 밤이 새도록.
우리는 벼룩이 무는 순간에 당장
숨통을 틀어막고, 으깨 버릴 텐데."

합창 *(고함을 지르며)*
'우리는 벼룩이 무는 순간에 당장
숨통을 틀어막고, 으깨 버릴 텐데.'

프로슈
브라보! 브라보! 아주 멋져!

알트마이어
자유여, 영원하라! 와인이여, 영원하라!

메피스토펠레스
나도 자유를 위해 한 잔 마시고 싶은데,
여기 와인이 조금만 더 나았더라면 말이오.
이집 주인이 뭐라고 할 걱정만 없으면
여기 계신 귀한 손님들에게
내 술 저장고에서 가장 좋은 술을 대접하겠는데.

지벨

염려 말고 해 보시오! 주인도 이해할 거요. 내가 잘 말할게요.

메피스토펠레스

타래송곳을 가져다주시오.

브란더

뭐하려고요?

알트마이어

이집 주인의 연장통에 하나 들어 있어, 확실해.

메피스토펠레스 *(타래송곳을 받아들고 프로슈에게)*

자, 어떤 걸로 마셔 보고 싶소?

프로슈

뭐라고? 여러 종류가 있다는 말이오?

메피스토펠레스

각자 원하는 걸 고를 수 있소.

프로슈

좋았어! 나는 고르라고 한다면 라인 백포도주를 마시겠소.

메피스토펠레스 *(프로슈가 앉아 있는 쪽 탁자의 끝부분에 구멍을*

하나 뚫는다.)
마개를 만들어야 하니까 밀랍도 좀 가져오시오!

알트마이어
아, 마술을 부리려는 거야, 난 알겠어.

메피스토펠레스 *(브란더에게)*
당신은 어떤 걸로?

브란더
난 샴페인이 좋겠소.

*(메피스토펠레스가 구멍을 뚫으면 나머지 사람들 중 하나가 밀랍
마개를 만들어 구멍을 막는다.)*

지벨 *(메피스토펠레스가 자기 자리로 다가오자)*
사실 난 씁쓸한 술은 싫으니
제일 달콤한 걸로 한 잔 주시오!

메피스토펠레스 *(구멍을 뚫으며)*
당신한테는 즉석 토케이 포도주를 따라 드리지. 좋지요?

알트마이어
이것 봐요, 신사 양반들, 내 눈을 똑바로 보시오!
우리가 당신들한테 한 방 먹은 걸 알겠소.

메피스토펠레스
자! 자! 이런 귀한 손님들에게
감히 그럴 엄두를 어찌 내겠소.
어서요! 당신이 말할 차례요!
당신에겐 어떤 와인을 대접하오리까?

알트마이어
아무 거나! 우리를 끝도 없이 기다리게 하지 마시오.

(이제 구멍을 전부 뚫어서 마개를 막았다.)

메피스토펠레스 *(기이한 동작을 취하며)*
포도는 포도나무에 달리고
뿔은 숫염소에 달린다.
와인은 즙이고, 나무에서 덩굴이 자라니,
나무로 만든 탁자에서 와인을 얻을지어다.
믿음을 가지라, 여기 기적이 있도다!
이제 마개를 뽑고 쭉 들이켜 보시오!

모두 *(마개를 뽑자, 각자 선택한 와인이 잔으로 흘러 들어간다.)*
아! 아름다운 샘이여, 우리를 위해 샘솟는구나!

메피스토펠레스
하지만 한 방울도 흘리지 않도록 조심하시오!
(모두들 연거푸 마신다.)

메피스토펠레스
이 사람들이 얼마나 행복해 하는지 보십시오!

파우스트
이제 그만 여기를 떠나고 싶다.

메피스토펠레스
일단 지켜보십시오. 저들의 짐승 같은 면이
근사한 볼거리를 만들어 낼 테니까요.

지벨 *(조심성 없이 마시다가 와인을 바닥에 흘리자 불길이 확 일
어난다.)*
도와줘! 불이야! 지옥이 활활 타오른다!

메피스토펠레스 *(마력으로 불길을 다스리며)*
친근한 원소여, 고요해져라!

지벨
저게 뭐야? 당신 거기 있어 봐! 대가를 톡톡히 치러야 할 거야!
우리를 만만하게 봤단 말이지.

메피스토펠레스
조용히 해, 이 고물 술통아!

지벨

이 빗자루 같은 놈이! 배워 먹지 못한 티를 내는 거냐?

브란더

기다려, 머리통에 주먹세례를 퍼부어 주마!

알트마이어 *(마개를 뽑자 불길이 얼굴로 치솟는다.)*

내 몸이 불에 탄다! 탄다고!

지벨

이건 마술이야, 공격하자!

저 놈은 악당이야! 내키는 대로 걷어차 버려!

(다들 칼을 꺼내 들고 메피스토펠레스를 향해 몰려간다.)

메피스토펠레스 *(엄숙한 몸짓을 하며)*

말과 영상이여, 홀려라!

바뀌어라, 오감과 공기여!

여기도 있고, 거기도 있을지어다!

(모두들 어리둥절하여 서로를 쳐다본다.)

알트마이어

여기가 어디지? 정말 아름다운 곳이야!

프로슈
포도밭? 내가 제대로 보고 있는 건가?

지벨
게다가 포도에 손도 닿잖아!

브란더
초목이 우거진 아늑한 이곳,
봐, 포도나무야! 포도도 있어!

(그는 지벨의 코를 붙잡고, 다른 이들도 마찬가지로 서로 상대방의 코를 잡더니 칼을 치켜든다.)

메피스토펠레스
오류여, 그들의 눈에서 무쇠 띠를 벗겨 내고,
악마가 어떻게 장난을 치는지 직접 보게 하라.

(그는 파우스트와 함께 사라진다. 흥청거리던 일행들은 서로에게서 떨어진다.)

지벨
무슨 일이지?

알트마이어
어떻게 된 거야?

프로슈

아까 그게 네 코였어?

브란더 *(지벨에게)*

난 아직도 손으로 네 코를 잡고 있잖아!

6장: 마녀의 부엌

(거대한 가마솥이 나지막한 화덕에 얹혀 있고, 불이 피워져 있다. 암컷 원숭이 한 마리가 그 옆에 앉아서 부유물을 걷어 내면서 솥이 끓어 넘치지 않도록 지켜본다. 수컷 원숭이는 새끼들과 함께 근처에 앉아서 불기를 쬐고 있다.)

파우스트
마법이 작용한 이 야생 짐승들도 혐오스럽긴 마찬가지구나!
그러니까 정신 사납게 어지러운 이곳을 돌아다니면서
늙어 빠진 마녀에게 도움을 청하면
내가 다시 젊어진다는 말이냐?
마녀의 기분 나쁜 요리가 내 나이에서
삼십 년을 채갈 수 있다, 그런 말이냐?
왜 꼭 늙은 마녀가 필요한가!
왜 네가 직접 약을 달이지 못하는 깃이냐?

메피스토펠레스
저에게 참 잘 어울리기도 하겠군요!
그저 기술이나 지식만 있다고 되는 일이 아니라,
인내심도 필요한 작업이랍니다.

(짐승들에게)

주인마님은 집에 없는 모양이지?

짐승들
잔치에 갔지요.
오늘 말이지요.
굴뚝으로 나갔지요!

메피스토펠레스
저주받은 꼭두각시들아, 사실대로 말해라.
너희가 휘저으며 끓이고 있는 것이 무엇이냐?

짐승들
거지들 줄 걸쭉한 수프를 만드는 중이지요.

파우스트 *(그동안 줄곧 거울 앞에 서 있었는데, 혼자서 거울에 가까이 다가갔다가, 다시 물러서곤 한다.)*
내가 무얼 보는 걸까? 이 마법의 거울이
보여주는 이 천상의 형상은 무엇이란 말인가!
더없이 사랑스러운 모습의 여자가, 저기!
이것이 가능한 일인가, 여자가 저렇게 사랑스러울 수도 있나?

메피스토펠레스
물론이지요. 신이 엿새나 생고생을 하고 나서,

우쭐한 마음으로 혼자서 감탄사를 뱉었으니,
뭐 하나는 제대로 만들어 놓은 거지요.

(암컷 원숭이가 지켜보는 것을 잊고 있는 사이에 가마솥이 끓어
올라서 넘치고, 굴뚝에서는 커다란 불길이 솟구친다. 마녀가 불
길을 뚫고 거칠게 내려오면서 끔찍하게 괴성을 질러 댄다.)

마녀
아야! 아야! 아야! 아야!
망할 놈의 짐승! 저주받은 암돼지!
솥을 내팽개쳐 둬서 나를 불에 그슬리고!

(파우스트와 메피스토펠레스를 보고)

여기 이건 뭐야?
네놈들은 누구야?
원하는 게 뭐야?
불의 고통을
네놈들의 뼈 마디마디에 심어 주마!

(마녀는 국자를 가마솥 안에 푹 담갔다가 파우스트와 메피스토펠
레스, 그리고 짐승들을 향해 불꽃을 뿌린다. 짐승들은 징징거린
다.)

메피스토펠레스 (손에 들고 있던 솔을 거꾸로 돌려서 잡고 항아

리와 유리그릇들을 마구 때린다.)
하나, 둘! 하나, 둘!
저기 국이 쏟아지고!
저기 유리가 흩어지고!
결국엔 그저 장난이니,
암탕나귀야, 네 가락에
박자를 맞춘 것이다.

(마녀가 분노와 공포로 움찔 뒤로 물러선다.)

나를 아느냐? 해골아! 허수아비야!
네 주인을 알아보겠느냐?
내가 얼굴이라도 가렸더냐? 이 늙어 빠진 암염소야!
내가 직접 이름이라도 밝혀야 하느냐?

마녀
아이고, 주인님, 무례하게 맞은 걸 용서하십시오!
제 눈엔 갈라진 발굽이 보이지 않는뎁쇼.

메피스토펠레스
이번 한 번만 그냥 넘어가도록 하지.
정말 세월이 많이 흐르긴 했어, 그렇지,
우리가 서로를 직접 만난 이후로 말이야.

마녀

그럼, 제가 뭘 해 드리면 될지 말씀해 주십쇼.

메피스토펠레스

잘 알려진 너의 그 주스 한 잔 가득!
하지만 꼭 가장 오래 묵은 것으로 줘야 한다.
해가 갈수록 효과가 배가 되니까.

마녀

기꺼이 드리죠! 여기 선반 위에 한 병 있습죠.

*(마녀는 의식을 치르듯이 병에 든 액체를 컵에 따른다. 파우스트
가 컵을 입에 갖다 대자, 잔잔한 불꽃이 피어오른다.)*

메피스토펠레스 *(파우스트에게)*

어서요, 서둘러요, 이제 뛰어다녀야 합니다.
당신이 땀을 흘려야 그 약효가
속속들이 침투할 수 있거든요.

파우스트

잠깐만 거울을 보게 해 다오, 한 번만 더!

메피스토펠레스

안 돼요! 안 돼! 어떤 여자보다 나은 여자가
곧 당신 눈앞에 실제로 모습을 드러낼 겁니다.

(방백)

그 약이 몸속으로 들어갔으니, 자, 이제,
너에겐 모든 여자가 헬레나로 보일 거다.

7장: 길거리

(파우스트. 마르가레테, 지나가며)

파우스트
아름답고 고귀한 아가씨, 제 팔을 그대에게 내밀어,
저의 보호를 받으며 가시자고 청해도 될까요?

마르가레테
저는 아름답지도 않고, 고귀한 아가씨도 아니에요.
보호를 받지 않고도 집에 갈 수 있어요.

(그녀는 파우스트에게서 벗어나 퇴장한다.)

파우스트
저 아이 정말 아름답구나!
장밋빛 입술에, 뽀얀 두 뺨,
아무리 많은 시간이 흘러도 잊지 못하리라!

(메피스토펠레스가 등장한다.)

이봐, 저 아이를 내 것으로 만들어다오!

메피스토펠레스
저기, 저 애 말입니까? 사제한테서 오는 길인데,
자신의 모든 죄를 용서받았지요. 그때 나는
바로 옆자리에 몰래 들어가 있었답니다.
저 아이는 너무나 순결한 존재라서,
아예 고해를 한다고 앉을 필요도 없었어요.
나는 저런 사람들에겐 아무 힘을 발휘하지 못한다고요!

파우스트
그래도, 저 아이 열네 살은 넘었군.

메피스토펠레스
이제는 마치 호색한 같은 투로 말하는군요.
꽃이란 꽃은 모두 독차지하려는 사람처럼.

파우스트
내가 간단하고 친절하게 말해 주지.
만약에 저 아이의 심장이 오늘 밤
내 품에서 뛰지 않는다면 — 좋아,
자정까지 그렇게 되지 않는다면, 우리 계약은 끝이다.

메피스토펠레스
생각 좀 해 보시오. 얼마나 왔다 갔다 해야 되겠는지!

그 아이를 만날 기회 같은 거라도 만들어 보려면
나도 최소한 열나흘은 필요합니다.

파우스트
나한테 일곱 시간만 있어도,
그런 아이 하나 유혹하는 데
악마 따윈 아예 필요도 없다.

메피스토펠레스
아주 프랑스 남자처럼 말하네요.
하지만 너무 그렇게 짜증 내진 마시지요.
그 아이의 일부만 즐기는 게 무슨 소용이랍니까?
자, 이건 불평도 농담도 아닙니다.
내가 하고 싶은 말은 이 사랑스런 아이에게는
절대로, 거칠게 나가선 안 돼요.
폭풍처럼 덤벼서는 그 애를 취할 수 없다는 말이지요.
대신에 교묘한 술책을 쓸 필요가 있어요.

파우스트
그 천사가 가진 보물을 한 귀퉁이라도 가져다 다오.
그녀가 누워서 쉬는 곳으로 나를 데려가 다오.

메피스토펠레스
내가 당신을 도와서, 그 괴로움을 덜어 주려고
얼마나 애를 쓸 것인지 당신이 알 수 있도록,

단 한순간도 낭비하지 않고,
바로 오늘 그 애의 방으로 데려다 드리겠습니다.

파우스트
그녀를 보게 될까? 그리고 가지게 되는 건가?

메피스토펠레스
아니요! 그 애는 이웃집에 갈 겁니다.
그러는 동안 당신은 그곳에서 홀로,
다가올 즐거움을 향한 부푼 기대를 안고
그 애가 숨 쉬는 공간을 여유롭게 즐겨 보시지요.

파우스트
그녀에게 줄 선물을 구해 보아라!

(퇴장한다.)

메피스토펠레스
선물이라? 좋았어! 저 자가 잘 해낼 게 확실해!

(퇴장한다.)

8장: 밤, 작고 깔끔한 방

(마르가레테, 머리카락을 땋아서 고정하면서)

마르가레테
오늘 그분이 누구인지 알 수만 있다면
어떤 대가라도 기꺼이 치를 텐데!
정말 용감한 분인 건 나도 알겠던데,
그리고 고귀한 가문의 사람 같았어.
그분의 얼굴을 보면 금방 알지 ―
그게 아니라면 그렇게 대담할 리가 없어.

(그녀가 퇴장한다.) (메피스토펠레스와 파우스트 등장한다.)

메피스토펠레스
들어와요, 조용히!

파우스트 *(잠시 아무 말도 없다가)*
부탁인데, 이제 나를 두고 나가다오!

메피스토펠레스 *(여기저기 뒤지면서)*
여자라고 다 그렇게 깨끗이 하고 살진 않지요.

(메피스토펠레스 퇴장한다.)

파우스트
평화의 기운이 사방에서 숨 쉬나니,
이 정연함, 그리고 만족감!
이 가난한 살림에 어찌 이런 부유함이 느껴지는가!
이 감옥 같은 방에 어찌 이런 황홀함이!

그리고 여기는!

(침대의 휘장을 하나 걷어 올린다.)

이곳에 깃든 환희가 나를 사로잡는구나!
여기 그 아이가 누울 테지! 따사로운 생기로
그녀의 연약한 가슴은 가득 차고,
이곳에, 순결하고 성스러운 모습으로,
천국의 심상이 발현되었겠구나!
그런데 나는! 무엇이 날 여기로 이끌었는가?
왜 이렇게 극도로 혼란스러운 기분이 드는 것인가?
내가 찾는 것이 무엇인가? 왜 이렇게 마음이 무거울까?
가여운 파우스트! 나는 더 이상 네가 누구인지 모르겠다.
혹시 마법의 향기가 나를 에워싼 것일까?

나는 강렬한 즐거움을 찾아서 스스로를 몰아갔는데,
꿈결처럼 부유하는 사랑 속에 녹아 버린 느낌이구나!

메피스토펠레스 *(등장하며)*
서둘러요! 저기 그 애가 오는 게 보여요.

파우스트
가자! 어서! 다시는 이곳에 오지 않겠다.

메피스토펠레스
든든히 채운 보석함이 여기 있습니다.
이걸 여기 이 궤짝 위에 올려 두면,
그 애가 이걸 보는 순간 눈이 돌아갈 게 뻔합니다.

파우스트
잘 모르겠구나, 그렇게 할까?

메피스토펠레스
뭘 묻고 그럽니까?

(그는 보석함을 궤 안에 넣고 뚜껑을 닫는다.)

자, 이제 갑시다, 빨리 가요!

(둘은 퇴장한다.)

(마르가레테, 램프를 들고)

마르가레테
여긴 너무 갑갑하고 후텁지근하네.

(창문을 연다.)

그런데 밖은 전혀 덥지도 않잖아.
기분 나쁜 일이야, 이유는 잘 모르겠지만 ―
난 정말 바보 같아. 너무 소심하고!

(자기 옷을 정리하려고 궤를 열었다가 보석함을 발견한다.)

이렇게 아름다운 상자가 왜 여기 있을까? 분명히 내가
아까 여기 들어왔을 때 궤를 잠그고 나갔는데.
보석 상자잖아!

(그 장신구로 치장하고 거울 앞에 선다.)

이 귀걸이만이라도 내 것이었으면!
단번에 사람이 달라 보이는걸.
예쁘다는 게 뭐야, 젊다는 거?
그것도 참 좋긴 하지만,
마지막에 가서는 별거 아니라고들 생각하지.
사람들은 얼마간은 동정심으로 찬사를 보내는 거야.

모두들 돈에 이끌리지,
돈이면 무엇이든 할 수 있어!
아, 이 가난함이란!

9장: 산책

(파우스트가 생각에 잠겨 거닐고 있다. 메피스토펠레스 등장한 다.)

메피스토펠레스
사랑하는 족족 멸시나 당해라! 지옥 불에나 당해라! 더 심한 게 뭐지?
그걸 알면 좋으련만. 악담에 갖다 붙이게!

파우스트
왜 그러나?

메피스토펠레스
나를 악마에게 넘겨주고 싶은 심정이요.
나 자신이 악마만 아니었다면 말이오!

그레트헨을 위해 준비한 보석들에
그 사제가 손을 댄 걸 생각하면!
그 애의 어미가 그걸 덥석 집어 올려 들여다보더니,
알 수 없는 불안에 사로잡혔지요.

그 여자의 기가 막히게 뛰어난 후각은
기도서에 너무 코를 박고 산 덕분인데,
때때로, 이것저것 냄새를 맡아보고는
그것이 신성한지 아닌지 알아보곤 하지요.
그런데 그 보석들을 보고 그 여자가 느낀 게 분명해요.
그다지 축복이 깃든 물건이 아니라고.
그 애 어미는 성직자를 불러들였고,
놈은 상황을 파악하기가 무섭게
좋아 죽겠다는 눈빛이더군요.

그러더니 팔찌와, 목걸이와, 반지들을
아주 하찮은 물건 다루듯이 챙기더니,
여자에게 고맙다고 인사하는 폼이, 더도 말고 덜도 말고,
견과류 한 봉지를 얻었을 때 같더군요.

파우스트
그럼 그레트헨은?

메피스토펠레스
앉아만 있습니다. 안정을 찾지 못하고.
여전히 뭘 해야 하는지, 뭘 하고 싶은지 모르는 채,
밤이고 낮이고 그 보석들만 생각하는데,
그래도 그걸 자기 앞에 가져다 둔 남자 생각을 더 많이 하지요.

파우스트

그 사랑스런 아이가 슬프다니 나도 괴롭구나.

그녀에게 줄 보석을 다시 구해라!

일을 처리해라. 내가 시키는 대로 일을 계획해 보아라.

그 아이의 이웃에도 연줄을 대 보고!

메피스토펠레스

알겠습니다, 고귀하신 주인어른, 기꺼이, 성심을 다하지요.

(파우스트 퇴장한다.)

상사병에 걸린 저런 멍청이는 하늘 높이 있는 태양도

날려 버릴 거야. 달이나 별은 말할 것도 없지.

사랑하는 사람의 기분 전환을 위해서라면 말이야.

(퇴장한다.)

10장: 이웃집

마사 *(혼자서)*
내가 정말 사랑하는 그 남자를 신이 용서하시길,
그이는 나한테 제대로 한 게 하나도 없으니!
세상 밖으로 나가더니 사라져 버리고,
나만 홀로 이 먼지 구덩이 속에 남겨졌구나.

(눈물을 흘린다.)

어쩌면, 그이는 죽었는지도 몰라!
남들 보여 줄 사망 증명서만이라도 있었으면 좋으련만!

(마르가레테이 등장한다.)

마르가레테
마사 아주머니!

마사
귀여운 그레트헨, 무슨 일이니?

마르가레테

다리가 후들거려서 쓰러질 것 같아요!
궤 안에서 보석이 든 상자를 또 발견했어요.
이번엔 흑단으로 만든 건데,
굉장히 화려한 것들로 채워져 있어요.

마사

너희 엄마한테는 말하지 않는 편이 좋겠구나.
저번처럼 교회에 줘 버릴 거야.

마르가레테

이것들을 하고 거리에 나갈 수도 없고, 아아,
이러고는 미사에 모습을 드러내지도 못하잖아요.

마사

그러면 예전처럼 우리 집에 자주 오너라.
여기서 몰래 그것들을 해 보면 되잖니.

(노크소리)

마사 *(덧문을 통해 내다보면서)*
낯선 사람이야. 어떤 신사분인데 — 들어오세요!

(메피스토펠레스가 들어온다.)

70

메피스토펠레스

이렇게 거리낌 없이 들어온 것에 대해
숙녀 분들의 이해를 부탁드립니다.
마사 슈베르틀라인 부인을 찾고 있답니다!

마사

전데요, 무슨 일이시죠?

메피스토펠레스

더 기쁜 소식을 전해 드렸어야 하는데! —
부인의 남편이 사망했습니다.

마사

그이가 죽었다고요? 그 심성 바른 사람이! 아이고!
우리 남편이 죽었다고! 나도 따라 죽을 거야!

마르가레테

아아! 아주머니, 절망하지 마세요!
이래서 저는 평생 사랑은 하지 않을래요.
이렇게 떠나버리면 너무 슬퍼서 죽을 기예요.

메피스토펠레스

기쁨에는 슬픔이 따르기 마련이고, 슬픔 역시 기쁨을 동반하지요.

마사

남편에게서 다른 건 가져오신 게 없나요?

메피스토펠레스

있어요. 청을 하나 했는데, 아주 크고 무거운 거랍니다.
부인이 자기를 위한 미사곡을 백 곡 불러 달랍니다!
그것 말고는, 없어요, 내 주머니는 텅 비었어요.

마사

뭐라고요? 보여 줄 게 하나도 없단 말인가요? 장신구 하나도?

메피스토펠레스

부인, 저도 너무나 슬프답니다.
하지만 정말로 그가 돈을 낭비한 것은 아니에요.
게다가, 자기 잘못을 뼈저리게 느꼈고,
그래요, 최근에는 자신의 불운을 한탄하였지요.

마르가레테

아아! 인간은 전부 얼마나 불운한지! 저도
아저씨를 위해서 기도를 많이 하겠어요.

메피스토펠레스

당신은 조만간 결혼해도 되겠어요.
정말 인정이 많은 아가씨군요.

마르가레테

어머, 아니에요! 아직 그럴 일은 없을 거예요.

메피스토펠레스

남편이 아니라면, 그 사이에 연인이라도.
사랑하는 이를 품에 안는 건
천국이 선사하는 최고의 마법이지요.

마르가레테

그건 이 지방 풍습이 아니에요.

메피스토펠레스

풍습이건 아니건! 그런 일도 있을 겁니다.

(마사에게)

내가 부인의 입장이었다면
일 년 정도 조용히 남편의 죽음을 애도하고,
그러는 동안, 새로운 사랑을 찾아보겠네요.

마사

오, 신이시여! 쉽사리 찾지 못할 거예요.
세상 어디를 가도, 우리 전남편 같은 사람은!
단지 마지막에 가서 돌아다니길 그렇게 좋아하더니,
타지의 여자들, 타지의 술,

그리고 그 빌어먹을 주사위 노름까지.

메피스토펠레스
맹세하건대, 그것과 똑같은 조건이라면
내가 부인과 반지를 교환하겠군요. 두 말 필요 없이!

마사
아이고, 신사 양반이 농담도 즐기시네!

메피스토펠레스 *(혼잣말로)*
새처럼 잽싸게 여기를 빠져나가야겠군!
저 여자는 악마가 뱉은 말이라도 꼭 지키도록 만들 거야.

(그레트헨에게)

심정이 어때요? 편안한가요?

마르가레테
무슨 말씀이세요?

메피스토펠레스 *(혼잣말로)*
귀엽고 순진한 것!

(큰소리로)

안녕히 계시오, 숙녀 분들!

마사
아, 말씀 좀 나눠요, 잠시만요!
사랑하는 내 남편이 어디서, 어떻게, 언제
죽어서 묻혔는지 증인이 있었으면 해요. 그리고,
제가 늘 관습을 꼼꼼히 따르는 터라,
그이의 죽음을 주간지에 실었으면 좋겠네요.

메피스토펠레스
네, 부인, 증인이 두 명 있어야
사실이거나, 혹은 사실로 합의한 일을 입증할 수 있지요.
내가 꽤 괜찮은 사람을 하나 알고 있는데,
그 친구가 두 번째 증인이 돼 줄 겁니다.
여기로 데려오지요.

마사
아, 그래요, 제발 그렇게 해 주세요!

메피스토펠레스
저 젊은 숙녀 분도 여기 있을 거죠?
그 친구는 멋진 젊은이요! 여행도 많이 하고,
숙녀를 대할 때 아주 예의가 바르지요.

마사

그럼, 우리 집 뒤에 있는 정원에서,
오늘 밤, 신사 분들을 기다릴게요.

11장: 길거리

(파우스트. 메피스토펠레스)

파우스트
어떻게 됐나? 잘 되겠나? 금방 일이 잘 되겠어?

메피스토펠레스
오, 브라보! 온몸에 활활 불이 붙은 모양이죠?
오늘 밤에 그 아이의 이웃인 마사의 집에서 만날 겁니다.

파우스트
좋아!

메피스토펠레스
우리는 그저 중인 노릇만 해 주면 됩니다.
그 여자 남편의 대자로 뻗어 버린 사지가
파두아에 있는 어느 묘지에 묻혀 있다고요.

파우스트
멋지군! 그럼 우선 거기부터 가야 하는군!

메피스토펠레스

고결하시고 답답한 양반! 그럴 필요는 없어요.
그냥 그 여자한테 긴말 하지 말고 증언만 하면 돼요.

파우스트

고작 그런 짓밖에 못 하겠다면, 너와의 계약을 깨버리겠다.

메피스토펠레스

아이고, 신성하신 분이시군! 이제야 알아 모시겠습니다!
그러니까 맹세코, 이번이 난생 처음으로
가짜 증인 노릇을 하는 거란 말씀이오?
신과, 이 세상과, 그리고 그 안에 내재된 것, 인간과,
인간의 머리와 가슴에서 그를 움직이는 어떤 것을
정의하면서 당신의 실력을 발휘하지 않았던가요?
조금만 더 깊이 생각해 보면, 그래요,
당신이 알고 있었던 것이 ― 솔직히 말해서,
지금 슈베르틀라인 씨의 죽음에 대해 아는 만큼이라도 되었던가
요?

파우스트

너는 지금도 그렇고, 앞으로도 변함없을, 거짓말쟁이에 궤변가
이다.

메피스토펠레스

그래요, 나보다 더 뛰어난 누군가가 없다면 그럴 테지요.

당신은 내일 아침이면, 온갖 체면은 다 차리면서,
그렇게 가여운 그레트헨을 기만할 것 아닌가요?
온 영혼을 다 바쳐서 그녀를 사랑한다고 맹세하면서?

파우스트
진심에서 우러나오는 것이다.

메피스토펠레스
좋아요, 좋아!
그러니까 당신의 영원히 변치 않을 진실과 사랑,
당신이 말하는 저 위에 있는 유일하고 전능한 힘 —
그것도 모두 당신 진심에서 우러나오는 것이겠군요?

파우스트
그만! 그만해! 그건 정말이야! 내가 느끼는
이 감정에, 이 복잡한 심경에,
이름을 붙이려고 해 봐도, 맞는 이름을 찾지 못하고,
오감을 동원해서 온 세상을 헤매기만 하지.
모든 고귀한 단어에 매달려서,
내가 맛보는 이 뜨거운 불길을
끝이 없다고, 영원하다고, 불멸이라고 부른다고 —
그게 악마가 벌이는 거짓말 놀이와 같다는 것이냐?

메피스토펠레스
그래도 내 말이 맞아요!

파우스트

이봐, 말이 길어지니 기분만 나빠지는구나.

나도 그럴 수밖에 없는 상황이니, 네가 옳다고 해 두자.

12장: 정원

*(파우스트와 팔짱을 낀 마르가레테와, 마사와 메피스토펠레스가
왔다 갔다 거닐고 있다.)*

마르가레테
괜히 저를 띄워 주시는 거 알아요.
본인은 낮추면서. 그래서 부끄러워요.
여행을 온 사람은 예의를 갖추느라
아무 음식에라도 만족하는 게 몸에 배었죠.
이렇게 학식이 높은 분은 저처럼 보잘것없는
밀기울죽만 먹고 살 순 없다는 거 너무 잘 알아요.

파우스트
그대의 눈길 한 번, 말 한 마디가 나에게는
세상에서 가장 고매한 그 어떤 지식보다 더 큰 즐거움을 줍니다.

(그녀의 손에 입을 맞춘다.)

마르가레테
괜히 그러실 필요 없어요! 어떻게 이 손에 키스를 하세요?

너무 지저분하고, 거칠기만 한데!

(둘은 지나간다.)

마사
그런데 선생님은 계속 그렇게 여행만 다니시나요?

메피스토펠레스
오, 일과 의무는 정말 성가시지요!
떠나는 것이 슬프긴 하지만,
잠시라도 더 머물면 안 될 곳도 많지요!

마사
젊을 때야 괜찮지요. 위로 갔다 아래로 갔다,
훨훨 날아서 온 세상을 돌아다니고.
그러다가 모진 세월이 찾아오면,
외로운 독신 남은 별 재미도 찾지 못하고
자기가 묻힐 구덩이로 슬슬 가까워지는 거랍니다.

메피스토펠레스
그 광경이 눈에 선하니 몸서리가 쳐지는군요.

(둘은 지나간다.)

마르가레테

그래요, 눈에서 멀어지면 마음에서도 멀어지죠!
당신은 정중함이 몸에 배인 거예요.
하지만 당신도 다른 친구들을 만날 테고,
그들이 저보다 훨씬 지적이라고 느끼실 테죠.

파우스트

사랑스런 이여, 내 말을 믿어요. 사람들이 지적이라고 말하는 건
대부분 허영이거나 근시안적인 거라오.

마르가레테

당신이 제 생각을 하는 건 한순간뿐이지만,
저는 당신 얼굴을 떠올릴 시간이 너무나 많은 걸요.

파우스트

그럼, 혼자 있는 경우가 많은가 보군요?

마르가레테

네, 우리 집에 있는 일이야 얼마 되지 않지만,
그래도 누군가는 돌봐야 할 일들이에요.
우리는 하인이 없어서, 제가 청소하고, 뜨개질하고, 바느질하고,
요리도 하느라, 일찍부터 늦게까지 일을 하죠.
그리고 저희 어머니는 매사에 아주
엄격하고 곧으신 분이에요.
오빠는 군인이고,

여동생이 있었는데 죽었어요.
그 아이 때문에 제가 많이 힘들었는데,
그래도 그 고생을 또 하라면 할 거예요.
저에겐 정말 소중한 아이였거든요.

파우스트
그대를 닮았으면 천사였겠죠.

(둘은 지나간다.)

마사
저, 한 번도 만나지 못했나요, 소중한 누군가를?
한 번도 선생님의 마음을 사로잡힌 적이 없나요, 어디에서든?

메피스토펠레스
속담에 이런 말이 있지요. 자기 집 난로와
좋은 아내는 진주와 황금의 가치가 있다.

마사
내 말은, 한 번도 욕구를 느낀 적이 없나요, 아주 살짝이라도?

메피스토펠레스
나는 어딜 가서도 아주 정중한 대접을 받아 왔지요.

마사
내 말은, 한 번도 누구에게 홀딱 반한 적이 없냐고요?

메피스토펠레스
숙녀를 대할 때는 절대로 팔딱거리며 경박하게 굴면 안 되죠.

마사
아이고, 내 말을 도통 이해를 못하시네!

(둘은 지나간다.)

파우스트
그래, 천사여, 내가 이 정원에 들어서자마자
당신은 나를 알아보겠던가요?

마르가레테
제 시선이 아래로 향하는 걸 못 보셨어요?

파우스트
기어운 사람!

마르가레테
잠깐만요!

(마거리트를 한 송이 꺾어서 꽃잎을 한 장씩 뜯는다.)

파우스트
그건 뭐 하려고요, 꽃다발?

마르가레테
아뇨, 그냥 놀이에요.
(그녀는 꽃잎을 뜯으며 혼잣말로 중얼거린다.)

그는 나를 사랑해 — 그는 나를 사랑하지 않아.

파우스트
하늘에서 내려온 사랑스러운 얼굴이여!

마르가레테 *(계속한다.)*
나를 사랑해 — 사랑하지 않아 — 사랑해 — 사랑하지 않아

(마지막 꽃잎을 뜯으며 기뻐한다.)

그는 나를 사랑해!

파우스트
그래요, 나의 꼬마 아가씨! 꽃이 들려주는 말을
하늘의 말씀으로 받아들여요. 그는 당신을 사랑합니다!
그게 무슨 뜻인지 알겠어요? 그는 당신을 사랑합니다!

(그녀의 두 손을 꼭 잡는다.)

마르가레테
떨려요!

파우스트
떨지 말아요. 내가 바라보는 눈길이
꽉 잡은 이 두 손이 당신에게 말하도록 해요.
말로는 표현할 수 없는 것을.
자신을 송두리째 내맡겨서, 영원해야만 할
환희를 느끼는 거요!

(마르가레테는 그의 두 손을 힘주어 잡았다가, 손을 놓고 달려가
버린다. 그는 잠시 생각에 잠겨 서 있다가 그녀를 뒤따라간다.)

13장: 정원에 있는 정자

(마르가레테가 정자로 들어오더니, 문 뒤에 숨어서 손으로 입을 가린 채 문틈으로 바깥을 엿본다.)

마르가레테
그이가 오고 있어.

파우스트 *(등장하며)*
이런, 장난꾸러기, 나를 이렇게 골리다니! 잡았다!

(그녀에게 키스한다.)

마르가레테 *(그를 붙잡고 키스한다.)*
소중한 사람! 진심으로 당신을 사랑해요!

(메피스토펠레스가 노크한다.)

파우스트 *(불만스럽게 발을 구른다.)*
누구요?

메피스토펠레스
친한 친구지요!

파우스트
저 놈이!

메피스토펠레스
갈 시간이오.

마사 *(등장하며)*
그래요, 선생님, 너무 늦었어요!

파우스트
그래도 가는 동안 같이 있어도 될까요?

마르가레테
어머니가 보시면 저한테, ─ 잘 가요!

파우스트
그럼 나는 그냥 가아만 하나?
잘 있어요!

마사
자, 안녕히 가세요!

마르가레테

곧 다시 만나요!

(*파우스트와 메피스토펠레스 퇴장한다.*)

아, 신이시여! 저 사람은 생각만으로
모든 걸 알 수 있어, 모든 걸!
그 사람 앞에 서면 수줍어서
그이 말에는 무조건 네라고만 대답하게 돼.

14장: 숲과 동굴

요약: 그레트헨을 향한 이타적인 사랑과, 그녀를 갖고 싶은 강렬한 욕망이 서로 충돌하면서 갈등에 시달리던 파우스트는 생각을 정리하려고 혼자서 숲으로 들어간다. 메피스토펠레스가 파우스트를 찾아와서 그의 바보 같은 행동을 비웃는다. 메피스토펠레스는 계속 그레트헨 얘기를 하며 성적인 묘사로 파우스트의 욕망을 자극한다. 파우스트는 여전히 회의에 시달리면서도 더 이상 자신을 통제하지 못하고 그레트헨을 만나기 위해 황급히 떠난다.

15장: 그레트헨의 방

(그레트헨 홀로 물레 앞에 앉아서)

나의 평화는 사라졌고,
가슴은 아프기만 해.
다시는 되찾지 못하리.
아아, 두 번 다시는.

그 사람이 여기 없으면
나의 무덤이 가까우니,
세상은 그저
쓰디쓴 고통일 뿐.

오직 그 사람을 보기 위해
밖을 내다보네.
오직 그 사람을 만나기 위해
밖으로 나가네.

그 사람이 하는 말은
전부 마법 같다네.

그 사람의 손길,
아아, 그의 키스!

내 가슴이 아리는 건
그이 곁이 그리운 마음,
아, 그이에게
매달릴 수 있다면,

내가 원하는 대로
그에게 입 맞출 수 있다면,
나는 그의 키스에
죽어도 좋으리라!

16장: 마사의 정원

(마르가레테. 파우스트)

마르가레테
약속해 주세요, 하인리히!

파우스트
내가 할 수 있는 것이라면!

마르가레테
말해 줘요, 종교에 대해서 어떻게 생각하는지.
당신이 착하고 좋은 사람이라는 건 잘 알지만,
당신에겐, 내가 보기에, 종교가 아무 힘이 없는 것 같아요.

파우스트
그런 문제는 그냥 둬요, 꼬마 아가씨! 내가 당신에게 다정하다는
걸 알잖아.
사랑을 위해서라면 내 피라도, 내 목숨이라도 줄 거야.
하지만 다른 사람의 교회나 믿음을 빼앗아 올 일은 없을 거야.

마르가레테
그건 옳지 않아요. 믿음은 꼭 가져야만 한다고요.
당신은 성체도 존중하지 않아요.

파우스트
존중해.

마르가레테
그래도 성체를 모시려고 하진 않잖아요. 당신은
너무 오랫동안 고해도 하지 않고, 미사에도 가지 않았죠.
하느님을 믿나요?

파우스트
내 사랑, 누가 감히 말할 수 있겠어?
'나는 하느님을 믿는다.'라고.

마르가레테
그러니까, 당신은 믿지 않는다는 말이에요?

파우스트
사랑스러운 이여, 내 말을 오해하지 말아요!
누가 감히 형언할 수 없는 것에 이름을 붙이겠어?
또 누가 감히 고백할 수 있겠어?
'나는 그분을 믿는다.'고.
만물을 감싸 안고 있으며,

만물을 지탱하고 있는 것,
그것은 당신도 감싸 안고, 지탱하고
있잖아? 나도, 그 자신까지도?
저 하늘은 우리 머리 위에 둥글게 펼쳐져 있잖아?
우리 발아래에는 대지가 누워 있고?
저 불멸의 별들도 떠올라서
우리를 친근하게 내려다보잖아?
당신 눈동자에는 내 눈동자가 비치고 있고?
이 모든 것들이 절절하게
당신의 머리와 가슴에 와 닿고,
영원히 풀리지 않을 신비로움으로 서로 엮여서
눈에 보이게, 또 보이지 않게 당신을 에워싸고 있잖아?
그것으로 당신 가슴을 채우는 거야. 그것은 너무나 광막하지.
그러다가 당신 가슴 깊은 곳에서 감정이 차오르면,
그걸 당신 원하는 대로 불러.
기쁨! 마음! 사랑! 하느님!
나는 거기에 붙일 이름을
알지 못해! 오로지 느낄 뿐이야.
이름이란 그저 소리이고 연기라서
하늘의 눈부신 빛을 가릴 뿐이지.

마르가레테
당신 말을 듣고 있으면, 꽤 괜찮은 얘기 같기도 하지만,
그래도 뭔가 잘못되었다는 느낌이 들어요.
그리고 당신이 그런 자와 어울리는 걸 보는 게

오래 전부터 마음이 아팠어요.

파우스트
저런, 누구 말이야?

마르가레테
늘 당신 주위에서 어슬렁거리는 그 남자,
나는 마음 깊은 곳에서부터 그 사람이 싫어요.
어디서든 그 사람이 우리와 만날 때면
나는 더 이상 당신을 사랑하지 않는 것 같은 기분이 되죠.
그 사람이 있으면 기도도 할 수가 없어요.
하인리히, 당신도 분명히 그럴 거예요.

파우스트
그건 단순한 반감일 뿐이야!

마르가레테
나는 이제 가 봐야 해요.

파우스트
아, 한 시간 만이라도
당신을 내 가슴에 꼭 끌어안고,
마음과 마음을, 영혼과 영혼을 나눌 수는 없는 걸까?

마르가레테

내가 혼자 잠을 자기만 했어도!

당신을 위해서라면, 오늘 밤 기쁜 마음으로 빗장을 열어 둘 거예요.

하지만 우리 어머니는 아주 작은 소리도 들으시니,

만약에 우리가 바로 들키기라도 하면

나는 그 자리에서 죽은 목숨이에요.

파우스트

천사여, 그럴 일은 없을 거야.

여기 이 작은 병을 받아요!

이걸 세 방울만 어머니가 마실 것에 타면,

당신 어머니는 아주 깊이 주무실 거야.

마르가레테

당신을 위해서라면 뭔들 못 하겠어요?

그래도 어머니에게 해가 되진 않았으면 좋겠어요!

파우스트

만약에 그렇다면, 내 사랑, 내가 이걸 권하겠어?

마르가레테

아아, 당신을 만나기만 하면, 소중한 사람이여,

어째서인지 나는 당신 뜻에만 따르게 돼요.

17장: 샘가

(그레트헨과 리즈베스)

리즈베스
바바라 소식 못 들었어?

그레트헨
전혀 듣지 못했어. 집 밖으로 거의 나가지 않거든.

리즈베스
이건 확실한 거야, 시빌이 말해줬어. 있잖아,
그 애를 유혹하던 놈에게 결국 넘어갔어.

그레트헨
왜 그렇게 생각해?

리즈베스
냄새가 난다니까!
그 애는 두 사람 몫을 먹고 마시고 있는 거야.

그레트헨

어머나!

리즈베스

결국 벌을 받고 말았지.

그 남자한테 그렇게 찰싹 매달려 다니더니!

그레트헨

불쌍한 것!

리즈베스

왜 그렇게 동정하니?

그 애는 다시는 머리를 들 수 없어.

이제 죄인의 옷을 입고 회개해야 한다고.

그레트헨

분명 그 남자가 그 애를 부인으로 맞아들일 거야.

리즈베스

그럼 그놈이 바보지! 팔팔한 사내는

다른 곳에 가서도 작업을 계속할 수 있으니까 —

그놈은 떠나 버렸어.

(퇴장한다.)

그레트헨 *(집으로 걸어가며)*
예전에 나는, 어느 가여운 계집애가 타락하면
얼마나 당당하게 그 애를 욕했던가!
그런데 지금은 내가 바로 죄인이니!
하지만 그 죄를 짓도록 나를 몰아간 모든 것이,
아아! 너무나 좋았어! 너무나 달콤했어!

18장: 탑

(탑의 벽에 있는 벽감에 마련된 성소, 슬픔에 잠긴 성모상 앞에는 꽃. 그레트헨이 싱싱한 꽃다발을 꽂는다.)

그레트헨
굽어보소서,
슬픔에 잠기신 성모여,
온정 어린 얼굴로, 저의 고통을 굽어보소서!

칼이 박힌 듯 가슴에서는
가늠할 길 없는 고통이 일며,
당신은 죽은 예수를 올려다보십니다.

당신은 하느님 아버지를 우러르며,
예수 그리스도와 당신의 고통을 위해
비탄의 한숨을 아버지께 보내나이다.

하오니 누가 헤아릴 수 있겠나이까,
뼛속에 칼이 박힌 듯한
저의 이 고통을?

가련한 저의 가슴이 무엇을 두려워하는지,
무엇 때문에 떨리고, 무엇을 갈망하는지,
당신만이 아십니다, 오직 당신만이!
도와주소서! 치욕과 파멸에서 저를 구하옵소서!
굽어보소서,
슬픔에 잠기신 성모여,
온정 어린 얼굴로, 저의 고통을 굽어보소서!

19장: 밤

(그레트헨의 집 앞 거리)

발렌틴 *(군인인 그레트헨의 오빠)*
건배의 말들을 들으며 앉아 있을 때,
모두들 한껏 자랑들을 늘어놓고 있는 곳에서,
함께 한 친구들이 나에게
한창 꽃다운 처녀들을 찬미하면,
나는 아무런 동요 없이 태평스레 앉아서
허풍스럽게 떠들어 대는 소리를 듣다가
수염을 쓰다듬으면서 미소를 지으며
이렇게 말하지. "제 눈에 안경이니까. 하지만
이 땅 어디를 뒤진다 해도
우리 그레트헨에 비할 수 있고
그 아이만큼 고귀한 처녀가 또 있을까?"
옳소! 옳소! 쨍! 챙! 소리가 사방에서 들리고,
누군가 소리치지. "저 친구 말이 맞아.
그녀는 모든 여자들 중에 돋보이는 존재지."
그런데 지금은! — 내 머리털을 다 뜯고, 고래고래 소리 지르고,
벽에다 머리를 박고 싶은 심정이야! —

이제 그들은 야유를 보내면서 나를 비웃지.
불한당 같은 놈들까지도 나를 조롱해도 된다고 생각해!
내가 그놈들을 죄다 패준다고 해도,
그들을 거짓말쟁이라고 부를 권리는 없어.

저기 가는 게 누구지? 슬금슬금 지나가는 게 뭐야?
내가 잘못 본 게 아니라면, 두 사람이 보이는군.
만약에 저게 그놈이라면, 내 저놈을 단단히 붙잡아서,
자기가 들어온 곳을 살아서 나가지 못하게 할 테다!

(파우스트. 메피스토펠레스)

파우스트
저기, 성구실 창문에서 비치는
영원한 등불의 불빛이
양 옆으로 갈수록 점점 흐릿해지고,
주위로 온통 어둠이 밀려드는구나!
마치 내 마음속처럼 캄캄해 보이는군.

메피스토펠레스
그 여자를 유혹하는 데 도움이 될 만한
도덕적인 노래를 몇 소절 들려 드리지요.

(치터를 연주하며 노래한다.)
'왜 여기에 있는가,

내 사랑 카트리나,
환한 대낮에
애인의 집 앞에?
안 되지, 안 돼!
거기 들어가는 건
처녀이지만, 나중에
나올 때는 처녀가 아닐 테니!'

발렌틴 *(다가가며)*
누구를 유혹하는 것이냐!
사악한 혓바닥을 가진 쥐잡이꾼아!

메피스토펠레스
치터가 부서졌네! 아주 박살이 났잖아.

발렌틴
내가 쪼개 버릴 머리통이 아직 남았다!

메피스토펠레스 *(파우스트에게)*
기운을 내시오, 박사님! 물러서면 안 돼요.
내 옆에 붙어요. 이 일은 내가 지휘할 테니.
자, 당신이 차고 있는 그 파리채를 뽑아요.
당신은 찔러요! 나는 막을 테니.

발렌틴
그럼 막아 보시지!

메피스토펠레스
안 될 까닭이 있겠느냐?

발렌틴
이것도!

메피스토펠레스
아, 그러지!

발렌틴
악마가 나와 대적하는구나!
이게 무슨 일이지? 벌써 내 손을 제대로 쓸 수가 없어.

메피스토펠레스 *(파우스트에게)*
찔러요, 깊숙이!

발렌틴 *(쓰러진다.)*
윽!

메피스토펠레스
이제야 이 망나니가 고분고분해졌군!
어서 여기를 떠나야 해요!

(파우스트와 함께 퇴장한다.)

마사 *(창가에서)*
여기 와 봐요! 여기예요!

그레트헨 *(창가에서)*
여기요, 등불을 가져와 보세요!

마사
서로 욕을 해대면서 싸우고, 고함을 지르고 다투는 걸 들어 봐요.

구경꾼들
벌써 한 사람은 여기 죽어 있어!

그레트헨 *(집에서 나오며)*
거기 쓰러져 있는 게 누구예요?

구경꾼들
네 오빠구나.

그레트헨
이럴 수가! 이런 비참한 일이!

20장: 성당

(미사, 오르간과 성가대)

(많은 사람들 사이에 그레트헨. 그레트헨의 뒤에는 악령.)

악령
그레트헨!
네 마음속에 있는 건 무엇이냐?
너의 가슴에는
어떤 범죄가 들어 있지?
네가 잠재우는 바람에 길고 긴 고통 속에 빠져 버린
네 어미의 영혼을 위해 기도하는 게냐?
너희 집 앞 계단에는 누구의 피가 묻어 있지?
그리고 너의 가슴 아래쪽에서
꼬물대며 부풀어 오르는 무엇이
너를, 또 스스로를 곤란에 빠트리면서
불길함이 가득한 존재를 드러내고 있지 않느냐?

그레트헨
아! 아!

내 뜻과 상관없이
내 안에서 불쑥불쑥 떠오르는
생각에서 그만 벗어났으면!

성가대 (위령 미사곡을 부른다.)
'그날에는, 분노의 날에는,
온 세상이 재가 되고 말리라.'

(오르간 소리)

악령
분노가 너를 움켜쥐리라!
나팔소리가 울려 퍼지리라!
무덤이 진동하리라!
너의 마음은
재가 된 유해에서
불의 고통 속으로
다시금 끌려 나와
오들오들 떨게 되리라!

그레트헨
내가 여기 없었으면 좋겠어!
꼭 저 오르간 소리가 내 숨을
빼앗아 가는 것만 같아.

성가대

'그러므로 심판관이 자리에 앉으시면,
숨겨 둔 모든 것이 밝혀지리니,
어떤 죄라도 처벌을 피할 길이 없으리라.'

그레트헨

숨이 막혀!
벽에 있는 저 기둥들이
나를 가두는 것 같아!
저 아치들이
나를 짓누르고 있어! — 바람 좀!

(기절하여 쓰러진다.)

21장: 발푸르기스의 밤~22장: 발푸르기스 밤의 꿈 또는 오베론과 티타니아의 금혼식

요약: 온 세상의 마녀와, 마귀, 요물들이 한 자리에 모여서 사악하고 난잡한 잔치를 벌이는 때인 발푸르기스의 밤이다. 메피스토펠레스는 자기와 한 통속인 사악한 무리들이 모인 곳으로 파우스트를 인도하고, 그 무리가 벌이는 의식에 파우스트도 참여하도록 유도한다. 어느 젊은 마녀와 짝을 이루어 에로틱한 춤을 추던 파우스트는 자기 파트너인 마녀의 입에서 갑자기 생쥐가 한 마리가 튀어나오는 것을 본다. 이로 인한 충격 때문에 파우스트는 그레트헨을 떠올리게 된다. 그는 사슬에 묶인 그레트헨의 환영을 보고 고통스러워한다. 메피스토펠레스는 곧바로 그 환영에 기발한 해석을 갖다 붙이고, 파우스트의 주의를 다른 곳으로 돌리기 위해 극장으로 데려간다.

파우스트와 메피스토펠레스가 관람하는 연극의 제목은 발푸르기스 밤의 꿈이다. 그것은 오베론 왕과 그의 부인인 티타니아의 금혼식에 관한 이야기를 다루고 있는 연극이다. 금혼식에 참석한 하객은 온갖 인물들이 뒤섞인 집단인데, 그 중에는 정치인, 예술가, 신화에 등장하는 존재, 철학자 등도 포함되어 있을 뿐만 아니라, 살아서 움직이는 사물들까지도 이 식에 참석한다. 그들 각각은 인생에 있어서 서로 다른 사상이나 철학, 또는 다양한 예술적 관점 등을 대변한다.

23장: 흐린 날

(벌판, 파우스트, 메피스토펠레스)

파우스트

비참한 지경이라고! 오랫동안 이 땅 위를 비참하게 떠돌아다니다가, 지금은 감옥에 갇혀 있다고! 이 지경이 되도록! 이 지경이! ─ 이 음흉스럽고, 쓸모없는 악령놈아, 넌 그걸 내게 숨겼구나! ─ 감옥에 갇혔다고! 아무런 희망도 없는 비참한 지경이라고! 그런데 너는 그동안 저속한 유희로 나를 혼란스럽게 하면서, 점점 더 비참해지는 그녀의 처지를 내게 숨기고, 파멸에 직면한 그녀를 대책 없이 방치하였단 말이지!

메피스토펠레스

처음 있는 일은 아니지요.

파우스트

개 같은 놈! 역겨운 요괴놈!

메피스토펠레스

이것을 견뎌내지도 못할 거였으면, 대체 왜 우리와 손을 잡았소?

우리가 당신에게 강요한 거요, 아니면 당신이 우리에게 한 거요?

파우스트
탐욕스런 이빨을 들이대지 마라! 구역질이 난다! 그녀를 구해라, 아니면 화를 입을 것이다!

메피스토펠레스
'그녀를 구해라!' — 그 애를 파멸로 끌고 간 게 누구요? 나요, 아니면 당신이요?

(*파우스트가 사납게 주위를 둘러본다.*)

번개라도 집으시려고?

파우스트
나를 그녀에게 데려가! 그녀를 구해야 해!

메피스토펠레스
데려다 드리긴 하지요. 내가 할 수 있는 게 뭔지 잘 들으세요! 나는 간수의 정신을 흐려 놓을 테니, 당신은 열쇠를 빼내서 여자를 데리고 나와요. 나는 망을 보면서 마법의 말을 준비했다가 당신들을 멀리 데려다 주지요. 그 정도가 내가 할 수 있는 일입니다.

파우스트
가자!

24장: 밤

(탁 트인 벌판, 파우스트와 메피스토펠레스가 검은 말을 타고 날아가고 있다.)

파우스트
저기 라벤스톤 벌판 주위에서 사람들이 무얼 엮고 있는 거지?

메피스토펠레스
저들이 뭘 섞고 끓이고 하는지 모르겠군요.

파우스트
위로 솟구쳤다가, 아래로 떨어졌다가, 굽혔다가 절을 하는구나.

메피스토펠레스
마녀들의 무리이군요.
갑시다! 가요!

25장: 지하 감옥

(열쇠 뭉치와 등불을 든 파우스트, 철문 앞에서)

오랫동안 잊고 살았던 전율이 나를 덮치고,
인간이 느낄 수 있는 온갖 고통이 날 사로잡는구나.
여기 이 축축한 벽 너머에, 그녀가
숨 쉬고 있다. 그녀의 죄는 모두 사실이 아니야.
가자! 두려움은 죽음만 재촉할 뿐이다.

(자물쇠를 잡는다. 안에서 그녀가 노래한다.)

우리 어머니는 창녀,
나를 죽였다네!
우리 아버지는 악당,
나를 질근질근 씹었다네!
어린 여동생 혼자
차가운 흙 위에
뼈를 잘 늘어놓았다네.
나는 한 마리 어여쁜 새가 되어 돌 위에 앉았지.
날아가! 멀리 날아가!

파우스트 *(문의 자물쇠를 열면서)*
자기 연인이 듣고 있는 줄은 모르는구나.

(들어간다.)

마르가레테 *(짚이 깔린 잠자리에 몸을 숨기며)*
아이고! 아이고! 그놈이 오네. 고통스러운 죽음이!

파우스트 *(작은 소리로)*
쉿! 조용히! 나야. 당신을 구하려고 왔어.

마르가레테 *(그의 발치에 몸을 던지며)*
당신도 사람인가요? 그렇다면 내 고통을 불쌍히 여겨 주오.
누가 사형집행인에게 나를 마음대로 할
그런 힘을 주었단 말이오!

(일어선다.)

난 아직 너무 젊어요, 너무 젊다고요!
그런데도 죽어야 해요!
나는 정말 예뻤는데, 그 때문에
망가졌죠. 사랑이 곁에 있었지만, 지금은 떠나고 없어요.
그렇게 너무 세게 붙잡지 마세요!
내가 당신에게 무슨 해를 끼쳤나요? 살려 주세요!

파우스트

이런 비참한 상황을 내가 어떻게 견뎌야 하나!

마르가레테

나는 온전히 당신 손에 맡겨졌어요. 아,
먼저 우리 아가에게 젖을 물리게 해 주세요.
밤새도록 아기를 어루만졌는데,
사람들은 내가 아기를 다치게 했다는군요.
그리고 내가 그렇게 아기를 죽였대요.
이제 다시는 행복해 질 수 없을 거예요.

파우스트 *(무릎을 꿇으면서)*

사랑하는 이가 당신 발치에 있어.
괴로운 노예 상태에서 당신을 해방시키려고.

마르가레테 *(그의 옆에 꿇어앉으며)*

아아, 무릎을 꿇어요. 성인들께서 축복하실 거예요!

파우스트 *(큰 소리로)*

그레트헨! 그레트헨!

마르가레테 *(열심히 귀를 기울이며)*

내 사랑의 목소리야!
어디지? 그이가 날 부르는 소리를 들었는데.

파우스트
나 여기 있어!

(그녀가 포옹한다.)

마르가레테
그이가 맞아! 그이야! 그 많은 고통은 다 어디로 갔을까?
당신이 여기 있어요! 나를 구하러 오셨네요.
나는 이제 살았어!

파우스트 *(몸을 빼내려고 애쓰며)*
나하고 같이 가! 가자고!

마르가레테 *(그를 어루만지며)*
아아, 그대로 있어요.
당신과 함께라면 나는 기꺼이 여기 머물겠어요.

파우스트
나가자!
당신이 서두르지 않으면
우리는 대가를 치르게 된다고.

마르가레테
어머나? 이제는 키스도 할 줄 모르나요?
내 사랑, 아주 잠시 나와 헤어져 있었다고,

키스하는 법도 잊었단 말인가요?
당신 가슴에 안겨 있는데 왜 이렇게 불안할까요?
한때는 당신이 하는 말, 당신 눈길에
천국이 온전히 내 것 같았죠.
당신이 내게 키스하면 숨이 막힐 것 같았어요.
키스해 주세요!

(그를 껴안는다.)

파우스트
가자! 나를 따라와! 내 사랑, 용기를 내!
나중에 몇 배로 더 뜨겁게 안아 줄 테니,
지금은 나를 따라와! 제발 부탁이야!

마르가레테
당신이 이 사슬을 풀어 버리고,
다시 한 번 나를 당신 가슴에 안아 준다고요.
당신은 어째서 나를 피하지 않나요?
나는 내 어머니를 죽였고,
내 자식을 물에 빠트려 죽였어요.

손을 이리 주세요! 이건 꿈이 아니군요.
사랑하는 당신의 손! ― 아, 그런데 손이 축축해요!
깨끗이 닦으세요! 왜 여기에
피가 묻어 있다는 생각이 드는지.

아아, 이럴 수가! 무슨 짓을 저지른 거죠?
칼은 저리 치워요.
이렇게 빌게요, 제발!

파우스트
과거는 그냥 과거로 둬!
당신은 지금 나를 죽이고 있어!

마르가레테
안 돼요. 당신은 계속 살아야 해요. 꼭 그래야 해요.
우리 묘를 어떻게 할지 당신에게 일러 줄게요.
가장 좋은 자리에는 우리 어머니,
그런 다음에, 어머니 곁에 우리 오빠,
나는 조금 떨어진 곳에 묻어 주고,
우리 아가는 내 오른쪽 가슴에 안겨 줘요.
다른 사람은 아무도 내 옆에 눕히지 말아요! —
아아, 당신 옆에 누워 있는 것,
그건 정말 달콤하고, 더없이 행복한 일이었는데!
그런 행복은 다시는 없을 거야.
그렇지만 이건 당신이 맞네요. 이렇게 보니 얼마나 기쁘고 행복
한지!

파우스트
나라는 걸 알았으니, 나하고 같이 가자!

마르가레테

밖으로 말이에요?

거기 무덤이 있고,

죽음이 기다리고 있다면 갈게요!

이곳에서 영원한 안식처로,

그 외엔 한 발자국도 떼지 않을 거예요.

이제 가려고요? 아, 하인리히, 나도 그럴 수 있다면!

파우스트

그럴 수 있어! 문은 열려 있다고!

마르가레테

나는 그럴 수 없어요. 그런다고 해도 내겐 아무런 희망이 없어요.

도망이 무슨 소용이에요? 그들이 숨어서 나를 기다릴 텐데.

구걸을 해야만 하는 건 비참한 삶이고,

더러워진 양심에도 시달려야 하잖아요!

파우스트

내가 당신 곁에 있을 거야.

마르가레테

서둘러요! 어서요!

불쌍한 우리 아기를 구해 주세요!

가세요! 산등성이를 내려가서,

이제, 개울 옆에,

그 다리를 건너서,
숲으로 들어가면,
거기, 그 웅덩이 속이에요.
붙잡아요, 지금, 어서요!
물에 뜨려고 애를 쓰고 있어요.
아직도 움직여요!
구해 줘요! 구해 줘요!

파우스트
정신 차려!
한 발짝만 내딛으면 당신은 자유야!

마르가레테
우리가 지금 산 위에 있었더라면!
저기 우리 어머니가 바위 위에 앉아서,
너무나 무겁게 고개를 끄덕이고 있어요.
어머니의 잠은 너무 길어서, 이제는 깨어나지 못하세요.
우리가 즐거움을 누리는 동안 어머니는 주무셨지요.
정말 소중하게 간직하고 싶은 시간이었어요!

파우스트
얘기하고 빌어 봤자 아무 소용이 없으니,
그냥 당신을 여기서 데려 나가야겠어. 그럴 거야.

마르가레테

나를 내버려 둬요! 싫어요, 강제로 그러지 마세요!
그렇게 죽일 듯이 나를 움켜잡지 말아요!

파우스트

날이 밝아오고 있어! 내 사랑! 내 사랑!

마르가레테

날이라! 그래요, 새벽이군요! 내가 마지막으로 보는 날이에요.
내가 결혼하기로 한 날이죠!
이제는 끝났어요. 모든 게 허사가 되었어요!
종이 울리고, 지팡이가 부러져요.
이제 사람들이 나를 붙잡아서 묶어요!
나는 벌써 단두대로 끌려왔어요.
내 머리 위에서 떨고 있는 저 칼날은
다른 사람들의 목 위에서도 떨었었죠.
이제 세상이 무덤처럼 고요하군요!

파우스트

아아, 차라리 이 세상의 빛을 본 적이 없었더라면!

메피스토펠레스 *(감방 밖에 나타나서)*

갑시다! 아니면 오늘 밤에 끝장이 날 겁니다.
여기 계속 있으면서 빌고, 떠들고 해 봐야 헛일이오.
말들이 몸을 떨고 있어요.

124

새벽이 환하게 밝아 온단 말입니다.

마르가레테
문 앞에 나타난 게 뭐지?
그 자야! 그 자! 저 사람을 쫓아 줘요!
왜 저 사람이 이 신성한 곳에 있는 거죠?
나를 잡으러 온 거야!

파우스트
당신을 살릴 거야!

마르가레테
심판의 하느님! 당신께 저를 바치나이다!
아버지, 저를 구하소서! 저는 당신 것입니다!
하인리히! 당신이 걱정돼요.

메피스토펠레스
그녀는 심판 받았어!

목소리 *(위에서)*
그녀는 구원 받았다!

메피스토펠레스 *(파우스트에게)*
내게 오시오, 이쪽으로!

(파우스트와 함께 사라진다.)

목소리 *(감방 안에서, 점점 작아지는 소리로)*
하인리히! 하인리히!

제2부

1막 1장: 아름다운 풍경

(파우스트가 꽃이 피어 있는 풀밭에 지치고 불안한 듯 누워서 잠을 자려고 애를 쓴다. 작고 우아한 요정 한 무리가 파우스트 주위에서 날아다닌다.)

아리엘 *(에올리언 하프 소리에 맞춰 노래하며)*
봄날의 활짝 핀 꽃이 지며
소나기처럼 내려 와서 만물을 덮고,
더욱 녹음이 짙어진 들판이
온 세상 사람들을 눈부시게 할 때면,
몸은 작지만 정신은 위대한 요정들,
어디든 도울 수 있는 곳으로, 도우러 간다네.
그 사람이 성자이건 악인이건
요정들은 불행한 인간을 가엾이 여긴다네.

그의 머리 주위로 빙글빙글 날아다니는 요정들아,
그러지 말고, 자랑스러운 요정의 형상을 드러내어,
그의 마음에서 모든 거센 저항을 잠재우고,
모진 후회의 쓰라린 가시를 뽑아내어,
너희들의 재주로 그를 과거의 공포에서 풀어 주어라.

파우스트

생명의 맥박이 새로 태어난 듯 약동하며,
희미하게 밝아 오는 하늘의 여명을 반기는구나.
그대, 대지여, 이 밤에도 굳건히 버티었구나. 나는 느낀다.
너의 숨결이 나를 둘러싼 모든 것들을 소생시키고,
네가 주는 기쁨은 이미 내 안에서
최고로 고귀한 존재를 지향하며 끝없이 분투하는
강한 다짐을 일깨우기 시작했다는 것을.

1막 2장: 황제의 성: 알현실

(국가 평의회가 황제를 기다린다. 나팔 소리.)

(화려한 옷차림을 한 여러 부류의 신하들이 등장하다. 황제가 왕좌를 향해 걸어간다. 점성가가 황제의 오른쪽에 있다.)

황제
친애하는 충실한 이들, 그대 모두를 환영하오.
저 멀리 방방곡곡에서 여기로 모였구려.
현자는 내 옆에 있는 게 보이거늘,
도대체 어릿광대는 어디 있는 거냐!

신하
저쪽에서 폐하의 망토 바로 뒤에 있다가,
갑자기 계단에서 굴렀는데,
사람들이 그 뚱보를 질질 끌고 가 버렸습니다.

두 번째 신하
그 즉시, 깜짝 놀랄 정도로 재빨리
다른 놈이 그의 자리를 차지했습니다.

경비들이 그 자의 면전에서 문을 닫았는데 ―
그래도 저기 그 자가 오는군요, 대담한 어릿광대!

메피스토펠레스 *(왕좌 앞에 무릎을 꿇으면서)*
욕을 먹으면서, 환영받는 것은 무엇일까요?
원하면서, 쫓아내는 것은 무엇일까요?

황제
이 순간만이라도 너의 재잘대는 소리를 면하게 해 다오!
전에 있던 어릿광대가 멀리 떠나 버린 것 같으니,
여기, 내 옆으로 와서 그의 자리를 맡으라.

(메피스토펠레스가 황제의 왼쪽에 자리를 잡는다.)

황제
자, 충실하고 소중한 나의 신하들이여,
말해 보시오. 왜 하필이면 요즘 같은 때,
우리 모두 카니발 분장을 하고 있고,
즐거운 일들이 우리를 기다리는 이 시기에,
수고스럽게 토론을 벌여야 한단 말이오?
하지만 그대들이 꼭 그래야만 한다고 하니,
그러기로 결정하고, 시작해 봅시다.

재상
높디높은 이곳에서 왕국을 죽 둘러보면

마치 무슨 악몽이라도 꾸는 것 같습니다.
여기에선 가축을 훔치고, 저기에선 남의 부인을 훔치는데,
몇 년 동안이나 그것을 자랑스레 떠벌려도
살갗 한 군데 다치지 않고, 멀쩡하게 살아 있습니다.
결국에는 선하던 사람까지도
뇌물에, 아첨꾼에 넘어가 버립니다.
유죄 판결을 내릴 수 없는 판사는
범죄자들과 한통속이 되고 말았습니다.
결단을 내리셔야만 하옵니다.
문제를 일으키지 않는 사람이 없어서 모두가 고통을 받으면
폐하께서도 해를 입으시는 것이옵니다.

총사령관
시절이 험악하니 다들 얼마나 방종한지 모르겠나이다!
요즘에는 너나 할 것 없이 공격하고, 공격을 받습니다.
그리고 어떤 명령에도 귀를 기울이는 자가 없습니다.
저 성마른 용병들은
격렬하게 보수를 요구하고 있나이다.
그들이 마땅히 지켜야 할 왕국은
약탈로 고통 받고 있습니다.

재무상
게다가 우방국을 믿을 자가 누구이리까!
그들이 우리에게 약속한 보상금은
급수관처럼 완전히 막혀 버렸나이다.

황제 *(생각에 잠겼다가, 메피스토펠레스에게)*
어릿광대야, 너는 뭐 잘못된 일을 아는 게 있느냐?

메피스토펠레스
이 세상에서, 어느 곳이든 무언가 부족하지 않은 곳이 있습니까
요?
때로는 이것이 없고, 아니면 저것이 없고. 이곳에서 아쉬운 것은
황금입지요.
물론 아무 바닥이나 긁어 댄다고 얻을 수는 없지만
지혜가 있다면 황금을 많이 캐낼 광산이 어딘지도 아는 법이지요.

황제
우리에게 부족한 건 황금이라, 그래, 그럼 좀 가져오너라.

메피스토펠레스
폐하께서 원하시는 걸 가져옵지요. 그 이상도 가져옵지요.
이미 그곳에 있사오나, 그걸 어떻게 얻느냐,
그게 까다로운 부분입죠, 그걸 손에 넣는 법을 아는 것.

황제
그럼 서두르거라, 어서! 어찌나 늦장들을 피우는지!

점성가 *(메피스토펠레스가 주입하는 대로 말한다.)*
폐하, 부디 그러한 긴박한 마음을 자중하시옵소서.
먼저 흥겨운 유희부터 즐기도록 하시지요.

산만한 마음으로는 목적을 달성할 수 없는 법입니다.

황제
그러면 즐거운 시간을 보내도록 하라!

1막 3장: 여러 개의 방이 인접한 넓은 홀

(사육제 가면무도회를 위해 준비되고 장식된 홀)

의전관
우리 게르만 땅에서는 사악한 것을 두려워하지 않고,
죽음이나, 바보, 악마의 춤도 마찬가지입니다.
여기 신나는 축제가 열리니 기다리십시오.

꽃 파는 아가씨들 (만돌린 소리에 맞춰 노래한다.)
여러분의 찬사를 받기 위해 차려입고,
오늘 밤 이곳에 왔어요.
우리 젊은 피렌체 숙녀들,
환하게 불을 밝힌 게르만 왕궁으로.

의전관
너희들이 머리에 이고 있는
꽃이 가득한 그 쟁반을 보여 다오.
여자들이 어떤 걸 좋아하는지 각자 고르도록 하렴.

(의전관이 그리스신화에 등장하는 인물들을 호명하는데, 현대적인 가면을 쓰고 있긴 하지만 그들의 특성이나 매력은 잃지 않았다.)

(미의 3여신이 등장한다.)

아글라이아
우리는 생활에 품위를 부여하나니,
그대들은 베푸는 것도 품위 있게 할지어다.

헤게모네
그대들 받을 때도 품위를 갖추어야 하나니,
소망이 이루어지는 것은 즐겁도다.

에우프로시네
그리고 더 고요한 때와 장소에서는
특히, 감사할 때 우아하게 할지어다.

의전관
이 가면무도회가 시작되어서
제가 의전관의 역할을 수행하고부터,
저는 혹시라도 교활한 무법자들이
이 경사스러운 곳에 슬며시 들어올 경우를 대비하여
저 문을 준엄하게 감시하고 있습니다.
바로 지금! 저 뒤에서 새로운 가면이 나타났습니다.

이리저리 사람들 사이로 오는 게 보이십니까?
네 마리의 말이 끄는 눈부신 마차 한 대가
사람들이 서 있는 곳을 통과하고 있습니다.
그런데 사람들은 전혀 흩어지지 않고 있군요.
길을 비켜요, 거기! 몸서리가 쳐지는군요!

(부의 신 플루토스가 마차에서 내린다.)

플루토스 *(변장한 파우스트)*
이제 금은보화를 보여 줄 때가 되었구나!
의전관의 지팡이를 빌려 이 자물쇠를 치노라.
열렸도다! 보아라! 최고로 높은 귀족들이여,
그대들의 손가락 사이로 황금으로 된 피를 붓나니,
처음엔 녹은 것처럼 부풀고, 부글거리고, 꿈틀대지만,
보석이 박힌 왕관이며, 반지며, 목걸이구나.

사람들의 여러 외침 소리
여길 보세요, 아, 저기! 얼마나 풍요롭게 흐르는지.
상자가 넘칠 만큼 차서 빛나고 있어요. ─
황금 그릇들도 녹아 있고,
동전 꾸러미도 잔뜩 뒤집히고 있어요. ─
내가 간절히 원하는 것들이 다 보여요.
저기 바닥에서 불타고 있어요!

의전관

이게 무슨 꼴이요, 이 바보 양반들아! 그래요,
이건 그저 가면무도회에서 벌이는 장난일 뿐이오.
플루토스로 변장한 영웅적인 분이여,
저 바닥에서 사람들을 몰아내어 주십시오.

플로토스

그대의 지팡이가 아주 효과적이지.
이 지팡이를 뜨겁게 빛을 뿜는 곳에 얼른 담그는 거야. ─
빛을 내며 펑펑 터지면서 불꽃이 튄다!
나에게 너무 가까이 접근하는 자는
무자비하게 그슬리게 될 것이다.

고함 소리와 혼란

아! 우리는 모두 끝장이다. ─
도망갈 수 있는 사람은 지금 모두 달아나! ─

플루토스

둥그렇게 모였던 사람들이 뒤로 물러나고 있고,
아무도 불에 그슬린 사람은 없는 듯하군.

의전관

아주 일을 잘 처리하셨습니다.

플루토스
의전관 친구, 좀 더 인내심을 가져야 할 걸세.
온갖 소동이 아직 우리를 위협하거든.

의전관 *(플루토스의 손에 든 지팡이를 잡으며)*
난쟁이들이 위대한 신 판을 인도하여
서서히, 불을 뿜는 샘으로 데려갑니다.
판 님이 안을 들여다보려고 몸을 숙이자,
그분의 수염이 안에 끼고 마는군요!
불이 붙은 수염이 이내 뒤로 날리면서
화관도, 가슴도, 머리도, 불길에 그슬리고 있습니다.
사람들이 불을 끄려고 달려들지만
아무도 불길을 피하지 못하고 당하는군요.
내일 새벽이 오면 듣고 싶지 않은
내용이 선포될 겁니다.
모든 이들의 귀에 똑똑히 들리겠지요.
'황제께서 커다란 고통을 받고 계신다.'
황제와 신하들이 한꺼번에 불에 타버렸군요.

플루토스
그만하면 공포심이 충분히 퍼진 것 같으니,
이제는 도움을 청해 와야겠구나! —
그대, 드넓게 퍼져 있는 공기여,
서늘한 향기로 저곳을 채워다오!
자욱한 안개여, 팽창하는 수증기여,
저기 가득 모인 불길을 꺼다오!

1막 4장: 아침 해가 밝은 유원지

(황제, 신하들, 남녀 귀족들: 파우스트와 메피스토펠레스는 너무 호사스럽지 않으면서도 멋지게 차려입었고, 둘 다 무릎을 꿇고 있다.)

파우스트
폐하, 불꽃 마술을 보여 드린 것을 용서해 주시겠습니까?

황제 (일어나라고 그에게 손짓하며)
그런 식의 재미는 더 있었으면 하는 게 내 바람이니라.

집사장관 (급하게 등장하며)
황제 폐하, 소인은 이런 최고의 행운을
고하게 될 줄은 생각지도 못했습니다.
말씀드렸다시피 끝도 없는 빚이 있었사온데,
이제 고리대금업자의 마수에서 벗어났나이다.

총사령관 (급하게 뒤따르며)
우리가 갚아야 할 돈이 지불되었나이다.
군대는 전부 새로이 서약을 했사옵니다.

황제
찌푸렸던 눈살이 활짝 펴졌구려!

재무상 *(가까이 다가가면서)*
저들에게 물어보십시오. 이 모든 걸 저 사람들이 했나이다.

파우스트
재상께서 그 문서를 읽으시는 것이 합당합니다.

재상 *(천천히 앞으로 나서며)*
이 늙은 몸이 기쁨 마음으로 그리 하겠습니다.
'관련이 있는 사람들 모두에게 알리나니,
이 종이는 천 크라운의 가치를 지닌다.
우리 황제 폐하의 소유인 매장된 모든 보물이
확실한 담보로 지정될 것이다.
그 보물을 파내는 대로 즉시
계산이 이루어지고, 충분히 보상 받을 것이다.'

황제
사기의 냄새가, 엄청난 협잡의 냄새가 나는구나!
누가 황제의 서명을 위조하였느냐?

재무상
기억해 보십시오! 어젯밤, 폐하께서 직접 서명하셨사옵니다.
폐하께서 위대한 신 판을 연기하실 때

재상이 이렇게 말문을 열었사옵니다.

"이 성대한 축제의 즐거움을 만끽하시면서,

백성들의 행복을 위해 몇 글자만 적어 주십시오."

폐하께서 여기에 적어 주셨고, 밤이 이 땅을 지배할 동안

천 명의 화가들이 다시 천 장을 만들어 내었고,

소신들이 줄줄이 도장을 찍어서

십, 삼 십, 오 십, 백 크라운짜리가 모두 완성되었나이다.

황제

그러니까 백성들이 이것을 금과 같은 가치로 대한다 이 말이오?

왕궁과 군대에서 이것을 진짜 급료로 받아들인다고?

그렇다면 나도 받아들여야겠지. 내게는 이상하게만 보이지만.

파우스트

폐하의 영토에 있는 다량의 금은보화가

깊은 땅 속에 묻혀, 하나도 사용되지 않고 있답니다.

메피스토펠레스

그런 종이가 금화나 은화를 잔뜩 가진 것보다

편리하지요. 자기가 얼마나 가졌는지 알 수 있거든요.

물물교환이나 환전할 필요도 없고,

술이건 연애건 필요할 때 그저 꺼내기만 하면 되지요.

황제

우리 제국은 이러한 행복에 대해 그대에게 크게 고마워하노라.

그대의 공헌에 알맞은 상을 내리고자 한다.

땅속에 있는 재화를 그대에게 맡기겠노라.

그대들은 이 세상에서 가장 뛰어난 관리인들이다.

그러므로 우리 제국의 재화를 관장하는 그대 둘은 힘을 합하여,

예를 갖추고 기쁘게 그대들의 임무를 받아들이도록 하라.

재무상

앞으로 어떠한 다툼도 소신들을 갈라놓는 일이 없을 것입니다.

마법사가 제 동료가 되어서 정말 기쁩니다.

(파우스트와 함께 퇴장한다.)

1막 5장: 어둑어둑한 복도

(파우스트. 메피스토펠레스)

메피스토펠레스
왜 나를 이런 어두운 복도로 데려오는 겁니까?

파우스트
황제가 헬레나와 파리스가 자기 앞에 나타나길 원하신다.
어서 시작해라! 내가 한 약속을 깨뜨릴 순 없다.

메피스토펠레스
그렇게 경솔한 약속을 하다니 멍청하군요.
나는 이교도들과는 잘 지내는 사이가 아니란 말이오.
그들은 자기들만의 지옥에서 살고 있지요.
그래도 방법이 하나 있긴 합니다.

파우스트
머뭇거리지 말고 말해라!
길은 어디에 있느냐?

메피스토펠레스

길은 없어요! 아무도 들이지 않는

들어갈 수 없는 곳으로 들어가면, 절대로 바라면 안 되는

바랄 수 없는 곳으로 통하는 길이 하나 있지요. 준비되셨소?

여기 이 열쇠를 받아요.

이 열쇠가 냄새로 여러 장소 중에서 그곳을 찾아낼 겁니다.

빛이 나는 세발솥이 보이면 마침내

가장 깊고 깊은 곳에 도달한 겁니다.

망설이지 말고 세발솥이 있는 데로 가서,

그 열쇠로 그걸 건드리세요!

그걸 무사히 이곳으로 가져오기만 하면

어둠 속에서 그 유명한 사내와 여자를 불러내는 거죠.

파우스트

이제 어떻게 하면 되는 거냐?

메피스토펠레스

발을 구르면 내려가고, 다시 구르면 위로 가지요.

(파우스트가 발을 구르자 아래로 꺼져 사라진다.)

저 자가 그 열쇠로 뭔가 좋은 걸 얻어야 할 텐데!

나에게로 돌아올 수 있을지가 궁금하군.

1막 6장: 환하게 불을 밝힌 여러 홀~7장: 희미하게 불을 밝힌 기사의 홀

요약: 황제와 그의 신하들은 파리스와 헬레나를 보기 위해 환하게 불이 켜진 방에 모였다. 파우스트를 기다리는 동안에 여자들은 미용이나 사랑의 묘약에 관한 조언을 해 달라고 메피스토펠레스에게 조른다.

모인 사람들은 전부 파우스트가 신화에 나올 법한 구경거리를 선보이게 될, 어둑하게 불을 밝힌 고딕식 홀로 자리를 옮긴다. 파우스트는 마법으로 그리스 신전을 만들어 내고, 그곳을 배경으로 파리스와 헬레나가 모습을 드러낸다. 대부분의 사람들은 그 둘의 모습에 별다른 감흥을 못 느끼지만, 파우스트는 헬레나의 아름다움에 압도되고 만다. 파우스트가 그녀를 파리스에게서 떼어 내려고 하는 순간 폭발이 일어나고 쓰러진 파우스트는 정신을 잃는다. 메피스토펠레스가 파우스트를 떠메고 그 방을 나온다.

2막 1장: 높은 아치형 천장이 있는 좁은 고딕식 방 변한 것이 없는, 예전 파우스트의 방

메피스토펠레스 (*커튼 뒤에서 등장한다. 커튼을 걷어올린 채로 자기 뒤를 돌아볼 때, 구식 침대에 파우스트가 몸을 쭉 뻗고 누워 있는 모습이 보인다.*)

거기 누워 있어라, 불행한 자! 쉽사리 헤어나지 못할
사랑의 굴레에 유혹당한 자여!
헬레나에 의해 무력해진 사람은
이성을 되찾기가 쉽지 않을 것이다.

(*자기 주위를 둘러보며*)

눈을 들어 여기 내 주위를 보니,
모든 게 여전하고, 상한 것 없이 그대로구나.
오래된 모피 가운도 여기 옷걸이에 걸러 있어,
장난질을 하던 게 다시 떠오르는군.
다시 강사처럼 차려입어 보자!
오늘은 다시 한 번 내가 학장이 되는 거야.
나를 맞아 줄 사람들은 어디에 있는 거지?

(종에 달린 줄을 당기자 날카롭고, 무엇이든 꿰뚫는 듯한 소리가
울려 퍼져서 사방에 있는 방이 흔들리고 문이 벌컥 열린다.)

조수 (학교에서 일하는 하인, 긴 복도를 비실비실 걸어오며)
끔찍한 소음이야! 어찌 이리 흔들리는가!
저기! 아이고, 무서워라! 거인이
파우스트 박사님의 낡은 옷을 입고 있네!

메피스토펠레스
이봐, 친구! — 자네 이름이 니고데모군.

조수
저를 아신다니 기분이 좋습니다요!

메피스토펠레스
자네 상전인 바그너 박사는 어디 있는가?
그 사람이야 말로 언제나 발명 중인 인물이지.
나를 거기로 인도하던지 아니면 그를 내게 데려오게!
내가 그의 행운에 박차를 가해 줄 사람이거든.

(조수가 퇴장한다.)

2막 2장: 실험실

(중세풍 : 용도를 알 수 없는 다량의 육중한 기구)

바그너 *(화덕 앞에서)*
나의 절실한 기대가
더 이상은 불확실하지 않을 것이다.
조만간 암흑이 스스로 빛을 내리라.
조만간 유리병 안쪽이
살아 있는 불처럼 빛을 내리라.
선명한 백색의 불이 빛을 내는구나!
아, 이런! 누가 문을 덜거덕거리는가?

메피스토펠레스 *(등장하며)*
안녕하십니까!

바그너 *(불안하게)*
적시를 맞은 행성에 잘 오셨소이다!

(작은 소리로)

하지만 숨소리를 죽이고, 말도 하지 마시오.
숭고한 과업을 저울질해 보는 중이오.

메피스토펠레스 *(작은 소리로)*
그게 대체 뭘까요?

바그너 *(작은 소리로)*
인간을 만드는 중이오.

(화덕을 향해 돌아선다.)

빛을 내고 있어! 보시오!
백 가지 물질들을
잘 섞어서 — 섞어야 무슨 일이든 일어나는 법이니 —
인간의 원료를 합성한 후에
플라스크에 넣어서 증류시키면, 기초가 마련되고,
올바른 배합을 거치면, 확실하게 자리를 잡고,
그러면 소리 없는 작업이 끝나는 거지요.

(뛸 듯이 기뻐하며 유리병을 살펴본다.)

유리병이 부드러운 강도로 울리고,
흐려졌다가, 다시 맑아지니, 생명체가 꼭 나타날 겁니다!
가냘픈 형상 속에서 아주 반듯한 꼬마 인간이
움직이는 모습이 서서히 드러나는 게 보이는군요.

호문쿨루스 *(유리병 안에서 바그너에게)*
어휴, 아버지! 장난 아니네요. 안녕하세요?
이리 와서 부드럽게 아버지 품에 안아 주세요!
하지만 너무 세게는 안 돼요. 유리가 너무 얇을 수도 있으니까요.

(메피스토펠레스에게)

거기, 악당, 친애하는 나의 친척이여, 당신에게도 감사해요.
행운이 당신을 내가 있는 이곳으로 데려와 주었네요.
이제 나는 존재하니, 행동해야 한답니다.
바로 오늘부터 내 일을 시작했으면 좋겠어요.
당신은 길을 단축하는 재주가 남다르죠.

메피스토펠레스 *(옆문을 가리키며)*
이 일에 너의 능력을 사용해 봐!

(옆문이 열린다. 침상에 쭉 뻗어 있는 파우스트가 보인다.)

호문쿨루스 *(깜짝 놀라서)*
흥미롭군요!

(바그너의 손에서 유리병이 빠져 나가, 파우스트 위에서 둥둥 떠다니며 빛을 비춘다.)

이 사람을 깨워서 다시 고통을 준다면

그 즉시 죽음을 맞고 말 거예요.
숲 속에 있는 샘, 백조, 나체의 미녀들,
이것이 먼 곳을 보고 있는 이 사람의 꿈인데,
이곳에서 일이 제대로 될 리가 있나요!
그를 안고 떠나요!

메피스토펠레스
기꺼이 그러지. 마지막 희망이니.

호문쿨루스
오늘은 고전적 발푸르기스의 밤이에요.
이 사람을 자신의 진정한 영역으로 보내야만 한다면
그곳이 최적이지요.

메피스토펠레스
거기로 가려면 어느 길로 가야 하지?

호문쿨루스
여기 있는 이 망토로
거기 당신의 기사를 감싸세요!
전과 마찬가지로, 망토가 당신들을 실어다 줄 거예요.
제가 빛으로 길을 밝혀 드릴게요.

2막 3장: 고전적 발푸르기스의 밤 파르살리아 지방의 들판

(공중을 날아가는 여행자들이 위쪽에서 말한다.)

호문쿨루스
대지와 골짜기가 모두
영적인 기운으로 충만하군요.
저쪽에 당신의 기사를 내려놓으면,
신화로 가득한 이 공기를 들이마시는 순간
본래대로 생명을 되찾을 겁니다.

파우스트 *(땅에 닿자마자)*
그녀는 어디 있지?

호문쿨루스
그건 우리도 모르지만,
아마 여기서 물어볼 수 있을 겁니다.
날이 밝기 전에 어서 서두르세요.
불을 피운 곳을 차례차례 다니며 찾아보세요.

메피스토펠레스

나도 내 일을 보러 여기 온 거야.

하지만 내가 아는 방법도 그저

이 불, 저 불, 돌아다니며

각자가 원하는 모험을 찾아보는 거지.

그러고 나면, 우리가 다시 만날 수 있도록

꼬마야, 네가 그 소리를 내는 빛을 환하게 밝혀다오.

호문쿨루스

이런 식으로 빛을 밝히면서 소리를 낼게요.

(유리병이 강하게 빛을 뿜으면서 소리를 낸다.)

파우스트 *(혼자서)*

그녀는 어디 있지?

여기! 기적이 일어나서 헬레나의 땅에 왔다!

새로운 힘이 내 안에서 빛을 내는구나.

(다른 곳으로 이동한다.)

요약: 마치 꿈처럼 진행되는 일련의 상황들 속에 역사적인 인물, 혹은 신화적인 인물들이 아주 많이 등장한다. 그러는 사이에 파우스트는 헬레나를 찾기 위해 헤매 다니고, 호문쿨루스는 진짜 인간이 되고자 그 방법을 찾아다니며, 메피스토펠레스는 포르키아스들 중 하나로 모습을 바꾼다.

3막 1장: 스파르타에 있는 메넬라오스 왕의 궁전 앞

(헬레나와, 포로로 잡힌 트로이 여자들로 이루어진 합창단이 함께 등장한다. 판탈리스가 합창단을 이끈다.)

헬레나
찬사도 많이 듣지만 욕도 많이 먹는 나, 헬레나는
얼마 전에 정박한 해안에서 오는 길이지.
저기, 저 아래에서는 용맹스러운 자신의 군사들 옆에서,
메넬라오스 왕께서 당신의 귀환을 자축하는 중이구나.
나는 그의 아내로서 돌아온 것인가! 이 나라의 왕비로 돌아온 것
인가!
아니면 제후의 쓰디쓴 고통과, 그리스인들이 오랜 기간
견뎌야 했던 불운에 대한 제물로 온 것인가?

합창단
무슨 일이 일어날지 생각하지 마세요.
왕비마마, 이제 그만 안으로 드는 계단을 오르시고,
용기를 내소서!

헬레나

되어 가는 대로 내버려 두자! 나를 기다리는 게 무엇이건
나는 지체 없이 저 왕궁으로 들어가야만 한다.

(퇴장한다.)

합창

서글픈 포로들이여,
모든 괴로움은 바람에 날려 버리고,
너희 안주인의 기쁨을 함께 나누어라.
헬레나의 기쁨을 함께 나누어라.

판탈리스 *(합창단을 이끄는 역할로)*

자매들이여, 저기 보이는 게 무슨 일인가! 분명 왕비께서
불안한 걸음으로 다시 우리 쪽으로 돌아오고 계시지 않은가?
무슨 일입니까, 왕비님? 도대체 무엇을 보셨기에
그렇게 오들오들 떨고 계십니까?

헬레나 *(문을 그대로 열어둔 채, 불안하게)*

내가 본 것을 그대들도 직접 보게 되리라.
키가 크고 비쩍 말랐는데, 움푹 꺼진 두 눈은 핏빛이었다.
모습이 어찌나 기괴한지 정신과 두 눈이 혼미해지더구나.
너희 눈으로 직접 보아라! 저 여자가 감히 햇빛 아래까지 나오는
구나!

(포르키아스가 문설주 사이, 문지방에 등장한다.)

합창
너는 포르키아스의 딸들 중에서
누구이더냐?
그 일가와 흡사해서
하는 말이다.
이 괴물아, 네가 감히
여기, 이런 아름다움 옆에 서서,
태양신에게 스스로를 드러내어,
모든 걸 알아차리는 그분의 시선을 받을 수 있겠느냐?

포르키아스 *(변신한 메피스토펠레스)*
이 위대한 왕궁에서 사납게 날뛰는 미친 주정뱅이 년들아,
그러는 너희는 누구냐?
너희들의 태생을 내게 숨길 수 있을 거라 생각했느냐?
전투 중에 태어나서, 살육을 보며 자란, 너희 같은 종족들,
늘 남자를 밝혀서, 유혹하고 유혹당하는 것들,
군인들과 시민들의 기운을 다 **빼놓는** 것들아!

헬레나
안주인 앞에서 하인들을 매도하는 자는
부인으로서 가지는 정당한 권리를 건방지게 침해하는 것이다.
네가 지금까지 왕궁을 잘 수호해 왔다면,
안주인의 입장에서 너를 칭찬할 만하구나.

하지만 이제 안주인이 돌아왔으니, 너는 마땅히 뒤로 물러나야지.
타당한 보상을 마다하고 벌을 받고 싶은 게 아니라면 말이다.

포르키아스
인정을 받으셨으니 다시 예전 지위를 찾으셔서
왕비로, 이 궁전의 안주인으로 자리하시옵소서.
하지만 그보다 먼저 가장 나이가 많은 이 몸을,
저 인간들, 왕비님의 백조 같은 아름다움에 비하면
꽥꽥거리는 거위 떼에 불과한 저들로부터 보호하소서.

합창단을 이끄는 자
아름다운 분 곁에 있으니 추함이 어찌나 추해 보이는지.

포르키아스
지각 있는 분 곁에 있으니 무식이 어찌나 바보스러운지.

헬레나
화난 것이 아니라 슬픈 마음으로 중재에 나서나니,
이런 불화를 금하겠다!
이제 왕께서 친히 명령하신 대로 서둘러 제물을 바칠
준비를 하여라.

포르키아스
궁전 안에는 그릇이며, 세발솥이며, 날카롭게 갈아 둔 도끼날까
지, 모든 게 준비되었나이다. 준비하신 산 제물을 보여주시지요!

헬레나
왕께서 그것은 말씀해 주지 않으셨다.

포르키아스
아무 말씀도 없으셨다고요? 비통한 말씀이옵니다!

헬레나
무엇이 그리도 비통하다는 말이냐?

포르키아스
왕비님, 그것은 왕비님께서 살해된다는 뜻이옵니다!
그리고 저 여자들도.

(헬레나와 합창단은 깜짝 놀라고 겁을 먹은 채 서 있다.)

합창단을 이끄는 자
당신은 현명하고, 노련한데다가, 성품도 좋아 보이니,
이 어리석은 것들이 잘 모르고 당신을 좀 골리긴 했지만,
혹시 방법을 아신다면 이 운명에서 벗어날 길을 일러 주시오.

포르키아스
그건 간단하지. 오직 왕비님 한 분에게 달려 있단다.

헬레나
그들이야 두려움에 떨겠지! 나는 괴로울 뿐 무섭지는 않다.

그러나 소생할 기회가 있다면 기꺼이 받아들이겠노라.

포르키아스

저기 스파르타 뒤에서 시작되어 북쪽으로 펼쳐져 있는
골짜기들은 오랜 세월 동안 그냥 방치되어 왔지요.
그쪽에, 산 속 골짜기에 용감무쌍한 종족이 터를 잡았답니다.

헬레나

그들에게 지도자도 있느냐? 그들은 도적떼이더냐?

포르키아스

도적은 아니고, 그 중 한 사람이 지도자 역할을 하더이다.
그 자는 혈기가 넘치고, 대담하면서, 세련되었고,
지적인 인물로서, 그리스에서는 보기 드문 사람입니다.
그 자의 성채는! 왕비님이 직접 눈으로 보셔야 합니다!
엄숙하고 분명하게, 좋다! 라고 말씀해 주십시오.
그러면 제가 그 성채가 왕비님을 에워싸도록 해 드리겠나이다.

(멀리서 나팔 소리가 들려오고, 합창단은 두려움에 흠칫 놀란다.)

합창

나팔 소리가 들리지 않으세요? 칼날의 번쩍임이 보이지 않나
요?

헬레나

네가 적대적인 요물이라는 것을 마음속 깊이 느끼고 있고,

그래서 네가 좋은 일도 나쁘게 만들까 두렵다.

하지만 그래도 너를 따라 그 성채로 가겠노라.

자, 노파여, 앞장서거라!

3막 2장: 성의 안뜰

(중세풍으로 화려하게 꾸민 건물에 둘러싸여 있다.)

헬레나
무녀야, 어디 있느냐? 네 이름이 무언지 모르겠지만,
컴컴한 이 성채의 아치 뒤에서 나오너라.
나의 방랑을 그만 끝내었으면 좋겠다. 이제는 쉬고 싶구나.

합창
이제야 안심이 되는군요! 아아, 저쪽을 보세요.
잘 생긴 젊은이들이 위엄을 갖춘 대열을 이루고,
느릿한 걸음으로 다가오고 있어요.

(청년들이 긴 행렬을 이루면서 모두 내려온 뒤에, 파우스트가 계단의 가장 높은 곳에 모습을 드러내는데, 중세에 기사들이 입던 옷을 차려입고 있으며, 천천히 품위 있게 계단을 내려온다.)

파우스트 *(사슬에 묶인 한 남자를 옆에 데리고 다가오며)*
숭배심 가득한 환영 인사 대신에,
여기 사슬에 꽁꽁 묶인 놈을 하나 데려왔습니다.

이 자가 임무를 소홀히 하는 바람에, 저 역시 할 일을 못했지요.
여왕이시여, 여기 이 자는 높은 탑에 올라서
주위를 살피고, 여기저기에서 무엇이든
움직이는 것을 보고하라고 뽑힌 자이지요.
여왕께서 이곳으로 오셨는데, 이 자가 보고를 하지 않아서,
당신에게 어울리는 환영식을 준비하지 못했습니다.
오직 당신만이 이 자를 용서하든지, 벌을 주든지, 원하는 대로
하실 수 있습니다.

헬레나
그렇게 커다란 힘을 저에게 주셔서,
재판관으로, 또 여왕으로 대우하시니, 한편으로는
저를 시험하려는 게 아닌가 하는 의심이 들지만 —
그렇다 해도, 재판관으로서 제가 가장 먼저 할 일은
피고인에게 발언의 기회를 주는 것이에요. 말해 보아라.
탑의 감시인, 린케우스
새벽이 밝아오기를 기다리면서
동쪽 하늘을 살피고 있었는데,
느닷없이 남쪽에서 햇빛이
환상적으로 춤을 추는 겁니다!
그 기이한 현상을 더욱 가까이 보려고 했더니,
독보적인 기쁨이신 저 분이 보였습니다.
얼마나 눈앞이 캄캄해지는 아름다움인지, 저는
그 광경에 완전히 눈이 멀고 말았답니다.

헬레나

제가 오는 바람에 저지른 잘못이니 벌하지 못하겠어요.
아아, 이 몸은 정말! 저를 끈질기게 따라다니는
모진 운명 때문에, 어디를 가든 남자들의 마음을
사로잡게 되어서, 그들이 스스로는 물론이거니와
소중한 것을 아무것도 지키지 못하게 되지요.

파우스트

아아, 여왕이시여, 놀랍게도 제가 둘을 한꺼번에 보고 있군요.
화살을 쏜 사수와, 그 화살을 맞은 희생자.
화살대를 떠나서, 저 자에게 상처를 입힌 화살이
눈에 보입니다. 연달아 날아가는 화살에 저 역시 맞았군요.
이제 저는 무엇인가요? 당신은 저의 성벽을 위태롭게 만들었고
저의 가장 충실한 부하들이 제게 등을 돌리도록 만들었습니다.
저에게 남은 선택이란 오직 저 자신과, 저의 소유라고 헛된 공
상을 품었던 모든 것들을 당신 앞에 바치는 길 뿐이지 않겠습니
까?
홀가분하고 충성스런 마음으로, 당신 발치에 엎드려,
왕좌와 주인으로서의 권리를 차지하신
당신을 여왕으로 받아들이게 해 주십시오.

헬레나

당신과 얘기하고 싶으니, 여기 제 옆으로
오세요. 이 빈 자리가 원래 주인을 청하고 있고,
그래야만 제 자리도 안전할 테니까요.

파우스트

먼저, 저를 당신 옆자리로 올려 주신 자비로운 그 손에 입 맞추
도록 해 주십시오.

합창

우리 왕비님이 이 성의 주인에게
친밀함을 드러내 보였다고
누가 기분 나빠 하겠는가?
벌써 두 분은 조금씩 더 다가앉으며, 서로에게 이끌려 가더니,
어깨에 어깨를, 무릎에 무릎을, 손에 손을 마주하였네.

*(장면이 완전히 바뀌었다. 바위 동굴이 늘어선 지대를 배경으로
여러 개의 정자가 세워져 있다. 그늘진 숲이 사방으로 솟아 있는
바위 아래에까지 펼쳐져 있다. 파우스트와 헬레나는 보이지 않는
다. 잠이 든 합창단은 뿔뿔이 흩어져 누워 있다.)*

포르키아스

일어나! 일어나서, 머리카락에 맺힌 이슬을 털어 내고,
눈에서 선잠을 털어 내어라! 그렇게 눈만 깜빡이지 말고, 내 말
좀 들어 봐!

합창단

얘기해 주세요, 어서요, 어서, 무슨 놀라운 일이 일어났는지 모
두요!

포르키아스

자, 잘 들어봐. 이 동굴 속, 이 석굴 속, 이 정자 속에서,

그늘과 차양이 한가로운 두 연인에게 주어졌지.

우리 주인과 안주인 말이야.

달콤하게 세상에서

격리되어, 오로지 나만 불려가서 두 분을 조용히 섬겼단다.

곧 동굴 깊숙한 곳을 울리는 웃음소리가 퍼지더군.

그곳에서 한 사내아이가 폴짝폴짝 자기 엄마에게서 자기 아빠에게로,

자기 아빠에게서 자기 엄마에게로 튀어 가고, 다들 어르고, 어루만지고 하는 걸 보았어.

벌거벗었고 날개는 없는 요정 같은 것이

딱딱한 바닥을 폴짝폴짝 뛰어다니고, 바닥도 거기에 반응하여,

그 사내아이를 공기 중으로 띄워 주는데, 그렇게 두세 번쯤 뛰면

동굴 천장까지 닿는 거야.

그 아이의 어머니는 걱정스럽게 외치지. "네가 뛰고 싶은 만큼 뛰어라, 아가야,

하지만 나는 것은 금지된 일이니, 날지 않도록 조심하렴."

그러나 갑자기 아이가 동굴의 갈라진 틈에서 사라졌고,

아이를 잃어버린 것 같았어. 아이의 어머니는 비탄에 잠겼고, 아버지는 위로하였지.

나는 거기 서서, 너무 궁금해 하고 있었는데, 다시 아이가 보이는 거야!

그곳에 보물이라도 묻혀 있었던 걸까? 온통 꽃이 수놓인 옷을
잘 맞춘 듯 입고 있었지.
그러자 아이의 부모는 기쁨에 넘쳐서 서로를 꼭 끌어안았어.

(동굴 안에서 맑고, 선율이 아름다우며, 고상한 음악이 울려 나온
다. 모두 귀를 기울이고, 큰 감명을 받은 듯 보인다. 이 시점부터
시작해서 휴지(休止)라고 표시되어 있는 시점까지 구성이 완전
한 음악으로 반주가 계속된다.)

(헬레나. 파우스트. 앞서 설명한 옷을 입은 유포리온.)

헬레나
사랑이라는 축복이 인간에게 내리려면
고귀한 두 마음이 필요하지만,
특별한 존재가 되기 위해서는
서로에게 소중한 세 사람이 있어야 하네.

파우스트
우리가 찾아 헤매던 것을 모두 발견했구나.
나는 당신의 것, 당신은 나의 것.
이렇게 우리 두 사람이 하나로 엮이니,
이보다 나은 운명은 없으리라.

유포리온
껑충 뛰어오를래요. 아아,

통통 튀어 오를래요!
저 높은 공중으로.

헬레나
오, 생각 좀 해 보렴! 제발 생각해 봐.
네가 누구의 아이인지!
네가 그러면 우리가 얼마나 슬퍼하겠으며,
네가, 네 아버지가, 그리고 내가 이루어 낸
이 감미로운 성취를
네가 어떻게 망가뜨리게 되는지를.

유포리온
더 높은 곳으로 저는 올라가야만 해요.
더 먼 곳까지 저는 봐야만 해요.
이제야 제가 어디에 서 있는지 알겠네요!
반도의 한가운데,
펠롭스의 땅 한가운데,
바다와 이웃한 ─ 땅.

합창
이곳에서 평화롭게 사시는 게 어때요?
이 아름다운 땅에 그냥 머무세요.
여기서 그렇게 나이 들어가는 거예요!

유포리온
평화로운 세상을 꿈꾸느냐?
그럼 몽상가들처럼 꿈꾸려무나.
그런다고 해도 구호는 전쟁이다.
승리! 이것이 울려 퍼지는 소리이다.
골짜기, 골짜기마다 메아리가 울리고,
군대와 군대가 모래와 물보라 속에서,
충돌하고, 충돌하며 고통스럽게 쓰러진다.
언제까지나, 천명은 죽음이다.

헬레나, 파우스트, 합창단
이렇게 두려운 일이! 이렇게 끔찍한 일이!
그러니까 죽음이 너에게 정해진 운명이란 말이냐?

유포리온
그저 멀리서 지켜보기만 해야 하나요?
싫어요! 저도 그들과 고통을 나누겠어요.
이렇게 날개가 생겼으니,
더 이상 기다리지 않겠어요!
앞으로! 저는 가야 해요! 가야 해요!
훨훨 날아오를 거예요!

(공중에 몸을 던진다. 옷자락이 잠시 동안 그를 지탱하는데, 머리 부분에 조명이 비춰지고, 한줄기 빛이 뒤를 따른다.)

합창
이카루스다! 이카루스다!

(아름다운 한 청년이 자기 부모의 발치에 추락한다. 육신은 한순 간에 사라지고, 동그란 빛이 혜성처럼 하늘로 올라간다. 입고 있 던 옷가지와, 망토, 그리고 칠현금만이 땅 위에 남아 있다.)

헬레나와 파우스트
단번에, 행복은 뒤를 따라온
엄청난 고통으로 바뀌었구나.

유포리온 *(깊은 곳에서)*
어머니, 이 어둠의 영역에
저를 혼자 두지 마세요!

(완전한 휴지. 음악이 멈춘다.)

헬레나 *(파우스트에게)*
슬프게도, 행복과 아름다움은 영원히 한 몸일 수는 없다는
옛말이 제게는 사실임이 입증되었군요.
가슴이 아프지만 안녕이라고 말해야겠네요.
당신 품에 마지막으로 한 번만 더 안길래요.
페르세포네여, 나와 우리 아이를 받아 주세요!

(파우스트를 껴안는다. 그녀의 몸은 사라지고, 드레스와 베일만

파우스트의 손에 남는다. 헬레나의 옷이 안개로 흐트러지더니, 파우스트를 감싸서, 그를 공중으로 들어올리고, 멀리 데려가 버린다.)

4막 1장: 높은 산맥~3장: 적국 황제의 막사

요약: 메피스토펠레스는 다시 즐거움과 명예가 충만한 인생을 제안하면서 파우스트를 유혹하려 하지만, 파우스트는 전혀 다른 계획을 염두에 두고 있는데, 바로 바다를 메워서 땅을 얻는 간척 사업이다.

메피스토펠레스는 파우스트에게, 이전에 둘이 벌였던 장난으로 황제가 아무 가치도 없는 종이 화폐를 대량으로 만들어 내도록 유도하는 바람에 그 제국이 심각한 위기에 빠졌다고 얘기해 준다. 황제는 자신의 왕좌를 수호하기 위해 어쩔 수 없이 전쟁에 휘말려 있는 것이다. 메피스토펠레스는 이 전쟁에서 황제를 도와주고 그 대가로 파우스트가 스스로의 계획을 시험해 볼 수 있는 바닷가 땅을 달라고 청하자는 제안을 한다.

파우스트는 황제의 막사에 들어가서 자신이 도움을 주겠다고 제안한다. 이 제안이 받아들여지고, 전투가 진행되는데, 황제의 군대가 승리를 거둔다. 메피스토펠레스와 그의 마법의 힘이 전쟁에서 승리를 얻는 데 중요한 역할을 한다. 황제는 해안에 위치한 긴 땅을 파우스트에게 상으로 주는데, 땅의 대부분이 물에 잠겨 있어서, 모두들 아무런 가치도 없는 땅이라고 여기는 곳이다.

5막 1장: 탁 트인 지방

방랑자
그래! 여기 짙푸른 피나무들이
당당한 수령을 자랑하며 둥그렇게 서 있구나.
길고 긴 순례의 길을 지나
다시 이 나무들 곁에 내가 왔노라!
폭풍에 거칠어진 파도가
나를 바다에서 해안가로 내동댕이쳤을 때
나에게 쉴 곳이 되어 준 오두막이 여기 있구나!
내가 축복을 빌어 드릴 분은 오두막의 주인들,
용감하고, 친절한 부부였는데,
그분들을 다시 만나 보면, 솔직히 말해,
벌써 머리가 하얗게 세었을 거야.
큰소리로 불러 볼까, 아니면 문을 두드릴까?
안녕하신지요!

바우키스 *(아주 나이가 많고 체구가 작은 여인)*
점잖은 이방인이여! 조용히, 조용히 해요!
평화롭게! 우리 남편이 쉴 수 있게 해 줘요!

방랑자
말해 주세요, 아주머니. 제가 감사를 전해야 할
그 부인이시지요?
거의 다 끊어졌던 저의 숨을 지치지도 않고
되살려 주신 바우키스이시지요?

(노파의 남편이 등장한다.)

어른신이 바로 필레몬, 물에 잠길 뻔한
저의 재산을 구해 주신 분이시지요?
주위를 좀 걸어 다니면서
끝없이 펼쳐진 바다를 보고 싶군요.
무릎을 꿇고 경건한 마음을 품고 싶군요.
감정이 들끓어 오르는 기분이라서 말입니다.

(걸어서 언덕을 넘어간다.)

필레몬 *(바우키스에게)*
서둘러요. 정원 나무 아래에
식탁을 차려 주시오.
그는 저리 가 보도록 두자고. 자기 눈으로 보는 걸 못 믿을 거야.

(방랑자를 따라가서 그 옆에 나란히 선다.)

연이은 파도가 사납게 거품을 일으키며

잔인하게 당신을 괴롭히던 곳에,
드넓은 정원이 조성된 것을 보시오.
저 천국 같은 풍경을 보시오.
현명하신 영주님들이 용감한 일꾼들에게
수로를 파고, 둑을 쌓으라고 시켜서,
바다를 다스리게 된 게지요.

5막 2장: 작은 정원

(세 사람이 식탁에 앉아 있다.)

바우키스 *(이방인에게)*
왜 말이 없어요? 게다가 음식을 한 입도 먹지 않으실 게요?

필레몬
저 선물이 어떻게 된 일인지 알고 싶은 게야.
편하게 얘기해 주구려. 어서 얘기해 줘요.

바우키스
어디 보자! 그건 놀라운 일이었지요, 정말로!
나는 아직까지도 마음이 편치가 않다오.

필레몬
그리 멀지 않은 저기, 저 모래 언덕들에서
당찬 첫 번째 단계가 진행되었는데,
텐트며, 오두막이며! — 그러더니 언덕 위에
궁전이 한 채 뚝딱 세워집니다.

바우키스

낮 동안에는 헛되이 소리만 요란하더니만,

밤에 불꽃이 몇 번 번쩍번쩍 하고 나면,

다음 날 둑이 하나 서 있더라고요.

그 사람은 신을 믿지 않는 자일 거예요.

우리 오두막과, 얼마 안 되는 땅을 훔치려 하잖아요.

필레몬

그래도 그분이 새로 얻은 땅에 있는

다른 경작지를 주겠다고 제안하였잖소!

바우키스

물 위에 지은 건 절대로 믿으면 안 돼요.

이 언덕 위에 계속 남아 있어야 해요.

필레몬

자, 우리 예배당으로 가면서

마지막 노을도 감상하고,

무릎 꿇어 기도를 하고, 종도 울리면서,

태곳적부터 이어져 온 신의 힘을 믿어 봅시다!

5막 3장: 궁전

(넓은 유원지, 폭이 넓고 곧게 뻗은 운하. 아주 나이를 많이 먹은
파우스트가 생각에 잠겨서 이리저리 걸어 다닌다. 언덕 위에서
작은 종이 울리는 소리가 난다.)

파우스트 (깜짝 놀라며)
망할 종소리! 수치심으로 내게
상처를 입히는구나. 뒤통수를 치는 고약한 소리,
그 시기 어린 목소리로 이렇게 외치는구나.
위대한 이 땅이 훌륭한 경지에는 못 미쳤노라고.
저 낡은 오두막과 그 주위에 있는 수목들,
무너져 가는 예배당, 그것들은 내 것이 아니야.

(메피스토펠레스와 세 명의 막강한 전사들이 화려한 선박에서 내
리는데, 이국적인 물건들이 한가득, 눈부시게 실려 있다.)

메피스토펠레스
모든 면에서 우리의 역량을 입증하였으니,
우리 주인의 칭찬을 듣고 기뻐하게 되리라.
전에 두 척의 배로 출항하였는데,

다시 정박하는 지금은 스무 척이 되었구나.

(파우스트에게)

이렇게 대단한 재물을 받으시면서
그렇게 인상을 찌푸리고, 어두운 표정이라니요!
부하들의 노고와 당신의 현명한 사고로
육지와 바다에서 훌륭한 성과를 얻으셨습니다.
이곳에서 시작해서 ―

파우스트
― 이곳이 저주받을 곳이야!
나에게 늘 비참한 두려움을 안겨 주고,
내 가슴을 콕콕 찌르는데,
그것을 참아 내는 건 불가능하다.
그 일을 입에 올리기도 창피하군.
저 위에 사는 노인네들이 양보해 줘야 해.
그 피나무들을 내 휴식처로 삼고 싶거든.
그곳에 올라서서 주위를 둘러볼 수 있도록
가지와 가지 사이에 뼈대를 세울 거야.
밝은 태양 아래에서 내 눈이 닿는 곳에는
내가 이룬 모든 것이 펼쳐져 있는 거지.
인간의 정신이 일구어 낸 걸작이 말이야.

메피스토펠레스

왜 그들 때문에 속 태우시는 겁니까?

오래 전에 이주시켰어야 하지 않나요?

파우스트

그러면 가서 그들을 다른 곳으로 옮겨 다오! ―

내가 그 노인들이 이주하도록 따로 마련해 둔

그 땅을 너도 알고 있겠지.

메피스토펠레스

우리가 가서 그들을 번쩍 들어다가, 옮겨서 내려놓지요.

(메피스토펠레스와 세 전사가 퇴장한다.)

5막 4장: 한밤중

파수꾼 린케우스 *(궁전의 망루에서 노래 부른다.)*
나는 저 먼 곳을 주시하고,
여기 가까운 곳도 주시하며,
달과 별도 보고,
숲과 사슴도 본다오.

(사이)

저 하늘에서 위협적으로 전해 오는,
간담을 서늘하게 하는 참사로구나!
피나무들이 서 있는 더욱 짙은 어둠에서
불이 발산하는 섬광이 마구 솟구치는 게 보인다.
몰아치는 바람이 부채질하여
살수록 그 빛이 더 환해지는네,
아아! 그 속에서 오두막이 불타고 있구나.
급히 도움이 필요하지만, 도움의 손길은 멀기만 하다.
아아! 신앙심 깊은 그 노부부가
저 끔찍한 장작더미 위에서
연기에 희생되어 질식하고 말았네!

파우스트 *(발코니에서 서서 언덕을 향해)*

저 위에서 들리는 흐느끼는 저 노랫소리는 무언가?

파수꾼이 울부짖고 있구나. 그래, 나도 마음이 쓰인다.

저런 성급한 행동이 불쾌하구나.

하지만 피나무를 다 없앴다고 해도,

끝없는 장관을 둘러보기 위한

전망대는 곧 세울 수 있을 것이다.

그곳에서 내가 새로 창조해 낸 땅을 보리라.

한쪽은 그 노부부를 위해 마련해 두었지.

그들도 자비로운 배려라고 생각하며

말년을 평화롭게 즐기겠지.

메피스토펠레스와 세 전사 *(밑에서)*

저희를 용서하십시오! 문제를 좀 일으켰습니다.

문을 두드리고, 또 두드렸지만

문은 더욱 굳건히 닫혀 있었지요.

우리는 문을 덜컥거리기도 하고, 흔들어도 보았는데

그만 문짝이 둘로 갈라졌지 뭡니까.

그래서 우리가 큰 소리로 불러도 보고, 위협도 했는데

역시 아무 대답이 없더군요.

하지만 우리는 지체하지 않고

고집 센 그 사람들을 쫓아내기 시작했어요.

그 부부는 불안해 할 틈도 없이

겁에 질려 아주 평화롭게 죽었어요.

거기 숨어 있던 어떤 이방인이

싸우자고 덤비기에, 우리는 겁만 주려 했지요.
그런데 끈질기고 거친 몸싸움을 하는 중에
주위에 널려 있던 숯에서
짚으로 불이 옮겨 붙었답니다. 이제 그 세 사람은
한 장작더미에서 신나게 타고 있지요.

파우스트
내가 한 말을 못 들었던 거냐?
나는 그들을 옮기라고 했지, 죽이라고 하지 않았다.
그런 분별없고, 잔인한 공격에는
내 저주나 받아라. 그거나 나누어 가지고, 썩 꺼져라!

5막 5장: 자정

(잿빛 여인 넷이 등장한다.)

첫 번째 여인
나는 부족함이라 불리지요.

두 번째 여인
나는 죄책감이에요.

세 번째 여인
나는 걱정이랍니다.

네 번째 여인
나는 필요함이고요.

셋이 함께 *(부족함, 죄책감, 필요함)*
문이 굳게 닫혀 있어서 우리는 들어갈 수가 없구나.
집주인은 부자라서 우리가 들어가지 못하겠네.

걱정

자매들이여, 그대들은 들어갈 수 없으니, 들어가려 하지 말아요.

하지만, 열쇠 구멍을 통해 어디라도 살며시 숨어드는 것은 걱정

이지요.

(걱정이 사라진다.)

셋이서

우리 뒤에, 우리 뒤에! 저 멀리, 아아, 저 멀리,

그가 오고 있네. 우리 오빠, 그가 오고 있어. 그는 ― 죽음.

파우스트 *(궁전 안에서)*

넷을 보았는데, 셋만 가는구나.

그들이 하는 말은 무슨 뜻인지 알아듣지 못했어.

아무도 가까이에 없는데 문이 삐걱거리는군.

(불안하게)

거기 누가 있느냐?

걱정

대답은 〈그래요〉가 되어야겠군요!

파우스트

그렇다면 너, 도대체 너는 누구냐?

걱정

나는 당신의 손님입니다.

파우스트

나가거라!

걱정

나는 있어야 할 곳에 있는 거예요.
귀로는 듣지 않으려 할지라도
마음속에서는 내가 메아리치지요.
찾지 않아도 항상 만나게 된답니다.
당신은 걱정을 몰랐던가요?

파우스트

나는 주어진 세상을 줄달음쳐 왔을 뿐이다.
욕망이란 욕망은 모조리 머리채를 움켜쥐었고,
재미가 없으며 그냥 놓아 버렸지.
나는 갈망했고, 성과를 이루었으며,
다시 갈망했고, 그렇게 힘차게
격정적으로 살아 왔다. 처음에는 강하게,
지금은 현명하게, 또 사려 깊게 살고 있다.

걱정

내가 인간을 손에 넣고 나면
그의 세상 전체가 줄어들어 버리지요.

186

그의 눈에는 끝없는 어둠만 보일 뿐,
태양도 더 이상 뜨거나 지지 않지요.

파우스트

사악한 유령 같으니라고! 그러니까 네가 우리 인간을
수천의 마귀들이 저지르는 참화에 던져 넣는구나.
우리의 사소한 날들조차
얼기설기 얽힌 불행으로 비참하게 꼬아 놓는구나.
그렇지만, 걱정아, 나는 너는 물론이고,
너의 그 음험한 힘도 절대로 인정하지 않을 것이다.

걱정

당신들 인간이란 평생토록 장님이니,
자, 파우스트여, 끝까지 그러하라!

(그의 얼굴에 입김을 불고 떠난다.)

파우스트 *(장님이 되어서)*

사방에서 밤이 더욱 깊어진 듯 느껴지는데,
오직 내 안에서만 불빛이 비치고 있구나.
내가 이제껏 해 온 일을 속히 마무리해야겠다.
그만 일어나라, 노비들아!
연장을 쥐어라. 곡괭이와 삽을 들고 나가라!

5막 6장: 궁전의 커다란 바깥뜰

메피스토펠레스 *(감독으로, 앞장서서)*
어서! 어서! 이 안으로, 이 안으로!

죽은 자들의 영혼 *(레무레스, 합창으로)*
잽싸게 우리가 여기 왔는데,
어렴풋이 알기로는
우리들의 소유가 될
땅덩어리와 관련된 일이라지요.
끝이 뾰족한 말뚝도 가져왔고,
땅을 측량할 사슬도 가져왔는데,
우리가 왜 여기로 불려 왔는지
그건 우리가 잊어버렸어요.

메피스토펠레스
예술적인 작업을 하려는 게 아니다.
그냥 너희 방식대로 하면 돼!
너희 중 가장 긴 놈이 길게 눕고,
다른 놈들은 그놈 위에 뗏장을 입히면 되는 거야.
적당히 긴 네모 모양으로 땅을 파내어라!

궁전에서 나와서 이 좁은 곳으로 가야하다니,
아무리 인간이지만 참 어리석은 최후를 맞는구나.

(죽은 자들의 영혼이 조롱하는 듯한 몸짓으로 땅을 판다.)

파우스트 (문설주를 손으로 더듬으며 길을 찾아서 궁전에서 나온
다.)
삽이 덜컥대는 소리에 기운이 나는구나!
감독!

메피스토펠레스
예!

파우스트
흙과 자갈을 어느 정도 깊이로 파내었는지
매일 나에게 보고하도록 해라.

메피스토펠레스 (낮은 소리로)
내가 받은 보고에 나오는 낱말은
딱히 자갈이라기보다는, 무덤에 가깝던걸.

파우스트
수백만의 사람들이 살 수 있는 땅을 만드는 것이야.
완벽하게 안전하진 않지만 자유롭게 일할 수 있는 곳.
사람과 가축이 새로 생긴 땅에 금방 편안해지는

그러한 초록의 비옥한 들판.
그래, 나는 이런 생각의 집요함에 모든 걸 맡겼으니,
지혜의 끝을 장식할 말은 오직 이것뿐이리라.
자유와 생존을 매일 새로 쟁취하도록 내몰린 사람만이
그 두 가지를 얻을 수 있는 법이다.
위험에 둘러싸이더라도 여기에선 사람들이 유년기, 장년기, 활
발하게 활동할 시기들을 보내게 되는 것이다.
그런 땅을 다시 한 번 보고 싶구나.
자유로운 땅, 자유로운 종족이 자유를 누리며 사는 땅.
그러면 나는 그 순간을 향해 이렇게 말할 수 있다.
"잠시 머무르라! 너 정말 아름답구나!"
이 세상에서 내가 살아온 길은
무한한 세월이 흘러도 결코 잊히지 않을 것이다. ㅡ
그 심오한 기쁨을 예감하면서
지금 나는 그 최고의 순간을 음미하노라.

(파우스트가 뒤로 쓰러지자, 죽은 자들의 영혼이 그를 데려다가
땅에 눕힌다.)

메피스토펠레스
더없는 행복도, 그 어떤 즐거움도 그를 만족시키지 못하였고,
그래서 끝없이 변화하는 형상을 붙잡겠다고 애를 쓰더니만,
최후이자, 최악이자, 무의미한 그런 순간을
마지막으로 자기 품에 붙잡아 두려 하였구나.

《매장》

메피스토펠레스
몸뚱이는 여기 있고, 만약에 영혼이 날아가려 한다면
피로 서명한 증서를 재빨리 보여줄 테다.
그런데 사람들은 언짢게도, 악마를 속여서 자기 영혼을
빼앗아 가거나, 그러려고 시도하는 방법을 많이 알아냈지.
나는 혼자서 일해 왔지만, 오늘은
도움을 좀 받아야겠어.

(몽환적으로 마구 휘돌리는 마법의 몸짓을 한다.)

서둘러라! 걸음을 재촉하라.
곧은 뿔이나 꼬인 뿔을 가진 자들이여,
지옥의 아가리도 같이 가져오너라.

(왼쪽에 무시무시한 지옥의 입구가 열린다.)

(짧고 곧은 뿔이 달린 뚱뚱한 악마들에게)

자, 불타는 얼굴을 가진 배불뚝이 악당들아!
아래를 잘 살펴라. 혹시 인이 빛을 내는지.
그게 바로 영혼, 날개 달린 프시케인데,
그걸 확 잡아 뜯으면 징그러운 애벌레가 되지.
가장 먼저 내가 그것한테 서명을 새겨 줄 테니,

소용돌이치는 사나운 불 속으로 그걸 데려가거라!

(길고 굽은 뿔이 달린 깡마른 악마들에게)

허공을 움켜잡아라. 잠시도 쉬면 안 된다!
너희들의 튼튼한 팔과 날카로운 발톱이라면
파닥이며 도망가는 것을 분명 단단히 붙잡을 것이다.

(천상의 광채가 오른쪽에 나타난다.)

천사의 무리
전령들이 뒤따르는
천상의 친족들, 오,
유유히 날고 있다오.
죄는 용서하고
티끌에 다시 생명을 불어넣나니.

메피스토펠레스
저 말쑥한 것들, 위선자들이 오는구나.
저것들은 영혼을 많이도 채어갔지.
그것도 우리가 쓰는 무기를 사용해서 말이야.

천사들의 합창 *(장미를 뿌리면서)*
장미여, 그대 눈부신 꽃이여,
네가 선사하는 향유가

떠다니며 흔들리며
비밀스레 되살리며,
봉오리로 달콤하게 우리를 불태우니,
어서 피어나라!
잠든 이를 데리고
천국의 방으로 가려무나.

메피스토펠레스 *(악마들에게)*
왜 웅크리고 숨는 거냐! 그게 지옥의 풍습이냐?
꼼짝 말고 서서, 저렇게 뿌리도록 내버려 둬라.

(떠다니는 장미꽃을 마구 친다.)

도깨비불아, 썩 꺼져라!
왜 계속 여기서 펄럭거리는 거냐! 저리 가버려! —
이것들이 타르나 유황처럼 들러붙는구나. 지저분한 것들.

천사들의 합창
그대의 일부가 아닌 것은
나눠 가지러 힐 필요 없이요.
강제로 다가서려 한다면
그 길을 빗나가게 만들겠어요.
오직 사랑하는 자, 사랑이
그를 근원으로 인도하리라!

메피스토펠레스

내 머리와 심장이 타 버렸다. 내 간이 타 버렸어.

악마 같은 불이야!

지옥의 불길보다 더 지독하다!

낯선 힘이 나를 관통한 것인가?

내가 증오하는 저 날아다니는 친구들이

지금은 모두 정말 사랑스러워 보이는구나! —

너희들 정말 멋있어서 키스해 주고 싶다.

아, 가까이 와다오. 아, 한 번만 쳐다봐 다오!

천사들

우리는 이미 여기로 와 있거늘, 뭐가 그리도 조심스러우세요?

우리 이렇게 가까워졌으니, 그럴 수 있다면 그대로 여기 있어요!

(천사들이 앞으로 나와서 공간 전체를 차지한다.)

메피스토펠레스 *(무대 앞쪽으로 몰려서)*

이것이 원래 사랑에 들어 있는 성분인가?

나의 온몸이 불에 감싸였는데

내 머리가 이렇게 타버린 것도 거의 느껴지질 않는구나.

천사들의 합창

모두 다 모여서

위로 오르며, 찬양하세!

더 맑아진 파도 속에서

영혼이 숨을 쉴 수 있게 되었네.

(파우스트의 불멸의 부분을 가지고 하늘로 오른다.)

메피스토펠레스 (자기 주위를 둘러보며)
어떻게 된 거지? ─ 그것들이 어디로 사라진 거야?
하나뿐인 엄청난 보물을 훔쳐갔구나.
내 즐거움을 위해 담보로 잡아 놓았던 그 고결한 영혼을
그것들이 채어가 버렸어. 그것도 교활한 방법으로.

5막 7장: 산골짜기, 숲, 암벽, 사막

천사들 (*파우스트의 불멸의 부분을 가지고, 가장 높은 대기 중을 날아오르며*)
영혼의 세계에 속하는 이 고귀한 자가
악에서 탈출하였노라.
누구든 열심히 노력하는 자라면
우리가 악마에게서 구해낼 수 있도다.

젊은 천사들
사랑이 넘치고 성스러운 저 속죄자들,
그들의 손에서 나온 장미가
우리가 승리하도록 도왔도다.

신성한 어린 소년들
우리는 유충 상태인 그를
기쁘게 맞이합니다.
지금 그를 둘러싸고 있는
이 실을 전부 없애 버려요!
그는 이미 은총을 받았으니,
하느님의 사랑이 그를 찾아내었답니다.

마리아누스 박사 (파우스트의 새 모습, 가장 높고 깨끗한 공간에
서)
저기 여인들이 천천히
위로 떠올라 가는구나.
그 가운데 눈부시게 빛나는 것은
별을 엮어 만든 화관,
저기, 바로 하늘의 여왕께서
저 멀리서 빛을 뿜어내고 계시네.

그 주위를 온통 에워싼
희미한 구름 조각들은
모두 속죄 자들이로다.
다정한 여인들,
성모의 무릎 주위에서
자유로이 그 공기를 들이마시며
성모의 자비를 갈구하고 있구나.

(영광의 성모, 하늘로 오른다.)

속죄하는 여인들의 합창
이제 저 높이 오르셔서
영원한 제국을 향하시오나,
저희들의 탄원을 들으소서.
오, 자비로운 분이시여!

한 속죄자, 예전 이름은 그레트헨 *(살며시 다가가며)*
아아, 굽어보소서,
비할 데 없는 분이시여,
당신의 자비로운 얼굴로 저의 불행을 살피소서!
제가 진실로 사랑하는 이가
음울함을 다 떨쳐 버리고
다시 저에게로 돌아왔나이다.
제가 그를 가르치도록 허락하시옵소서.
그는 새로운 빛에 아직 눈이 어둡사옵니다.

영광의 성모
오라! 더 높은 영역으로 오르라!
너를 알아보면 그도 너를 따를 것이다.

신비의 합창
모든 무상한 것들은
그저 비유일 뿐이로다.
충분치 못한 것이
이곳에서는 채워져 현실이 되고,
형언할 수 없는 것이
이곳에서는 이루어졌노라.
영원한 여성성이
손짓하며 우리를 인도하도다.

∎ 작가연보

- 1749년_ 황실 고문관인 아버지와 프랑크푸르트 시장의 딸인 어머
  니 사이에서 태어남
- 1765년_ 라이프치히 대학에 입학
- 1774년_「젊은 베르테르의 슬픔」
- 1787년_「타우리스섬의 이피게니」,「에흐몬트」
- 1790년_「토르크바토 타소」,「로마 애가」
- 1796년_「빌헬름 마이스터의 수업시대」
- 1797년_「헤르만과 도로테아」
- 1808년_「파우스트 제1부」
- 1809년_「친화력」
- 1811~13년_「시와 진실 1~3부」
- 1816년_「이탈리아 기행」
- 1819년_「서동시집」
- 1823년_「마리엔바트의 애가」
- 1829년_「빌헬름 마이스터의 편력시대」
- 1832년_「파우스트 제2부」
- 1833년_「시와 진실 4부」